KB065595

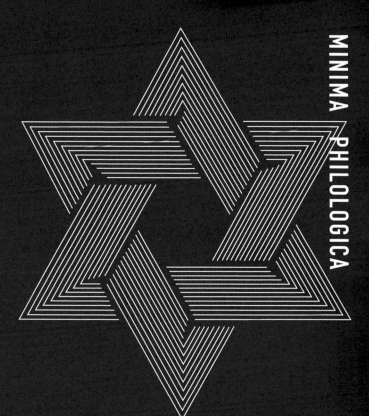

MINIMA PHILOLOGICA

문헌학, 극소

MINIMA PHILOLOGICA

베르너 하마허　　　조효원 옮김　　　문학과지성사

옮긴이 조효원

서양 인문학자, 번역가, 문학비평가. 성균관대학교 독문과를 졸업하고 같은 과
대학원에서 발터 벤야민의 초기 언어 이론에 관한 논문으로 석사학위를 받았다.
서울대학교 독문과 박사 과정을 수료한 뒤 미국 존스홉킨스대학 유럽어문학부에
서 방문학생으로 수학했다. 미국 뉴욕대학(NYU) 독문과에서 바이마르 정치신학
에 대한 논문으로 박사학위를 받았다. 현재 서강대학교 유럽문화학과 교수로
재직 중이다. 지은 책으로『부서진 이름(들): 발터 벤야민의 글상자』『다음 책:
읽을 수 없는 시간들 사이에서』가, 옮긴 책으로 조르조 아감벤의『유아기와 역사』
『빌라도와 예수』, 야콥 타우베스의『바울의 정치신학』, 대니얼 헬러-로즌의
『에코랄리아스』, 칼 슈미트의『정치신학 2』『정치적 낭만주의』 등이 있다.

채석장
문헌학, 극소

제1판 제1쇄 2022년 6월 21일

지은이 베르너 하마허
옮긴이 조효원
펴낸이 이광호
주간 이근혜
편집 최대연 김현주
펴낸곳 ㈜**문학과지성사**
등록번호 제1993-000098호
주소 04034 서울 마포구 잔다리로7길 18(서교동 377-20)
전화 02)338-7224
팩스 02)323-4180(편집) 02)338-7221(영업)
전자우편 moonji@moonji.com
홈페이지 www.moonji.com

ISBN 978-89-320-4033-2 93700

차례

7   문헌학을 향한 95개 테제

115   문헌학을 위하여

204   옮긴이 해제
           『문헌학, 극소』에 붙이는 9.5개의 단편적 주해

212   옮긴이의 말

문헌학을 향한
95개 테제

1

언어의 요소들은 서로를 밝혀준다. 그것들은 말해진 것 안에서 아직 더 말해져야 할 것을 위해 말한다. 언어의 요소들은 문헌학적 부록附錄으로서 서로에게 말한다. 언어는 시원문헌학Archiphilologie이다.

2

언어의 요소들은 서로를 밝혀준다. 그것들은 그때그때 말해진 것에게 부록을 제공하며, 말해져야 할 것에게 말해진 것을 열어주는 증인, 변호사, 그리고 번역자로서 서로를 위해 말한다. 언어의 요소들은 서로에 대해 언어로서 관계를 맺는다. 하나의 언어가 아니라 다만 하나의 다양성이 있을 뿐이다. 하나의 정적인 다양성이 아니라 단지 언어들을 계속 다양하게 만드는 하나의 행위가 있을 뿐이다. 이 수많은 언어들이 각 개별 언어 안에서, 그리고 모든 개별 언어들이 서로 이야기를 나누는 관계, 이것이 문헌학이다. 문헌학, 그것은 언어적 실존의 요소들의 계속적 확장이다.

3

언어들이 문헌학적으로 해명되어야 한다는 말은 곧 언어늘
이 어두운 상태로 남아 있어 계속 해명을 요구한다는 뜻이다.
언어들이 문헌학적으로 확장되어야 한다는 말은 곧 언어들
이 결코 충분할 수 없다는 뜻이다. 문헌학은 가늠할 수 없을
정도로 어두운 언어들의 반복, 해명, 확장이다.

4

말할 수 있다는 것은 말해진 모든 것을 넘어갈 수 있지만 동시에 결코 충분히 말할 수 없다는 뜻이다. 이처럼 넘어갈 수 있지만 결코 충분할 수는 없는 요원要員이 바로 문헌학이다. 문헌학, 그것은 초월 없는 초월하기다.

5

문헌학의 이념은 말해지는 것과 언급되는 것, 의도되는 것과
전달되는 것이 없는 완벽한 서로 말하기 속에 있다.

6

언어의 이념처럼 문헌학의 이념도 언어를 소유로 간주하는 것을 금지한다. 언어를 **소유한**habenden 생명체로 인간을 규정한 아리스토텔레스의 언명言明에서 이미 소유라는 (언어적) 범주가 언어 자체에 적용되었으므로, 다시 말해 동어반복적으로 사용되었으므로, 언어는 한정된 대상을 갖지 않는 것, 그 자체가 한정할 수 없는 범주, 즉 **무한정자**apeiron인 셈이다.

7

문헌학의 대상은 범위와 강도(실재)의 측면뿐 아니라 이것들을 지향하는 의도의 측면에서도 무한하다. 아마도 플라톤이라면 이렇게 말할 수 있었으리라. 문헌학의 대상은 **존재를 넘어서 있다**epékeina tes ousías. 따라서 그것은 어떤 표상이나 개념의 대상이 아니라, 이념이다.

8

아리스토텔레스는 **진술하는 로고스**logos apophantikos, 진리 검증이 가능한 명제의 형태로 한정된 대상과 관계하는 로고스를 이와는 다른 **로고스**, 즉 무언가에 대해 어떤 말도 하지 않으며 따라서 참도 거짓도 아닌 로고스와 구별한다. 이 〔후자의〕 로고스의 유일한 사례는 **에우케**euché, 즉 부탁과 기도와 요구의 말이다. 진술하는 언설Rede은 존재론의 매체와 대상이며, 또한 존재론이 거느리는 모든 지식 분과의 매체와 대상이다. 진술하지 않지만 중요한 언설은 기도와 소망의 언설, 시작詩作의 언설이다. 이 언설은 "~이다"와 "~이어야 한다" 따위는 전혀 알지 못하며, 다만 모든 규정하는 인식과 규정된 인식을 벗어나는 "~이거나"와 "~일 수도 있다"를 알 뿐이다.

9

존재론Ontologie, 생물학Biologie, 지질학Geologie 등 진술하는 로고스의 질서에 속하는 여타 학문들과 달리 문헌학Philologie 은 에우케euché의 영역에서 말한다. 문헌학이라는 이름은 로고스—언설, 언어 혹은 공표Kundgabe—에 대한 지식이 아니라, 그것을 향한 호의, 우정, 사랑을 뜻한다. 이 명칭에서 **필리아**philía에 해당하는 부분은 일찍이 망각에 **빠지고** 말았는데, 이로 인해 문헌학은 점차 로고스학Logologie, 즉 언어에 관한 학문, 다시 말해 박학으로 간주되었고, 급기야 언어 자료, 특히 문헌 자료를 다루는 학문적 방법으로 이해되기에 이르렀다. 그러나 문헌학은 지식의 언어보다 앞서 그것에 대한 소망을 먼저 일깨우는 운동, 그리고 〔기존의〕 인식 속에서 〔정말로〕 인식되어야 하는 것이 제기하는 요구에 주의를 기울이는 운동이다.

10a

그 자체로 이미 진술의 구조를 가진 것에 관한 진술을 만들어 낸다고 주장하는 철학과 달리 문헌학은 다만 다른 언어에게 말을 건네고 오직 이 언어를 향해 말한다. 문헌학은 이 언어에게 말을 건네고, 그것에게 **자기**sich를 넘긴다. 문헌학은 주어진 공통의 언어에서 출발하는 것이 아니라, 자신이 알지 못하는 언어에게 헌신하는 것이다. **필사적으로**à corps perdu 또 가차 없이 그리하는 탓에 문헌학 자체는 전혀 알려지지 않은 채로 남을 수 있다. 다름 아니라 그 스스로 말을 건넨 다른 언어 안에서 멈출 곳을 찾기에 문헌학은 제 안에서 몸소 자기를 인식한다고 여길 수 있다. 문헌학은 무지의 언어로부터 나와 지식의 형식 안으로 뛰어든다. 문헌학은 스스로를 무지와 지식을 매개하는 작용으로 정의한다. 자신에 대해 한 이야기를 스스로 전하는 밀고자로서 자체 규정하는 것이다. 문헌학은 인식의 질서들을 보증하는 방법적 절차가 되어—스스로를 거스르면서—그들의 패권을 지원한다. 문헌학은 사랑한다. 그리고 자신이 사랑했던 것 때문에 사랑을 망각한다.

10b

부탁보다는 진술에게, 소망보다는 명제적 지식에게, 계통 없는 언어보다는 계통 있는 언어에게 주어진 특권이란 더 센 지식의 힘으로 뭉갤 수도, 유토피아적 소망을 통해 물릴 수도 없는 것이다. 그러나 문헌학적 경험은 반항적이다. 이 경험은 언어에 대한 요구가 지식의 형태로 고정될 수 없음을 보여준다. 문헌학 자신이 그 요구의 변호사인 까닭에 우리는 다음과 같이 추측할 수 있다. 즉 지식의 형식들은 그 요구가 지나는 정거장에 지나지 않을 뿐, 결코 그것 자체의 구조가 될 수는 없다.

11

모든 진술이 보완하는 능력을 가질 뿐 아니라 보완을 필요로
하는 것이라면, 그리고 이 보완이 진술의 요청을 통해 수용되
고 이해되고 대답되는 것이라면, 그럴 경우 진술은 그 자체로
진술이 아닌 언어, 요청, 부탁, 소망 혹은 요구의 구조로 된 언
어에 속해 있는 셈이다.

12

지식의 언어는 무지의 언어에, 인식의 실천은 에우케의 실천
에 근거를 두고 있다. 즉 존재론은 문헌학 안에 있다.

13

시작詩作은 에우케의 언어다. 있는ist 것도 있지 않은nicht 것도 아닌 타자에게서 출발하고 타자를 넘어서는, 말하기의 사랑 phílein, 말 건네기의 사랑, 응낙하기의 사랑이다. 그러나 똑같지 않게, 심지어 자신과도 똑같지 않게 사랑하는 것이다. 이 사랑에는 어떤 술어도 붙일 수 없다.

14

시작詩作은 제1문헌학prima philologia이다.

15

문헌학이 시작詩作에 토대를 두고 있다는 말은, 한편으로 문
헌학의 제스처와 작동을 위한 실제적 토대를 시작의 구조 안
에서 찾을 수 있다는 뜻이다. 오로지 이 덕분에 문헌학은 실
태實態에 부합하는 인식을 요청할 수 있는 것이다. 그런데 그
말은 다른 한편으로 시작의 구조 안에서는 확고하고 일관되
며 안정된 토대를 결코 찾을 수 없다는 뜻이기도 하다. 그런
고로 문헌학은, 시작의 현안懸案, Sache들을 〔해결하기〕 위해
존재하는 대변자임에도 불구하고, 시작의 목소리와는 다른
목소리로 말할 수밖에 없다. 즉 예언과 추측과 해석의 목소리
로 말해야 하는 것이다. 문헌학의 **실제적 토대**fundamentum in
re는 하나의 심연이다. 진술의 형식이 없는 곳에는 지식의 근
거도 있을 수 없다.

16

문헌학의 두 언어—요구의 언어와 요구에 대한 지식의 언어
—는 더불어 말한다. 그러나 후자는 전자가 말한 것을 단지
다시 붙잡을〔반복할〕*wieder*holen 수 있을 뿐이다. 그러나 전자
는 후자 역시 말하게 될 것을 단지 앞지를〔추월할〕*über*holen
수 있을 뿐이다. 그래서 이 두 언어는 서로 말하고, 갈라서서
말하며, 서로의 갈라섬Auseinander을 말한다.

17

문헌학은 존재하는 것에 관한 통찰이라는 의미의 이론이 아니다. 또한 이론을 따르거나 이론 안에서 제 목표를 찾는 실천도 아니다. 문헌학—그런 것이 있다ist면—은 눈여겨보는 운동이다. 자기에게 다가오거나 제 시야에서 슬며시 빠져나가는 것, 자기에게 덤벼들거나 자기와 엇갈려 지나가는 것, 제 눈길을 끌거나 눈길을 끌면서도 어쩐지 눈길을 벗어나는 모든 것을 눈여겨보는 운동. 문헌학은 물러섬으로 들어가는 경험이다. 미리 정한 목표 없이 찾는 운동이다. 그러니까 목표 없이. 그러니까 목표 없음이 없이. 존재론의 없음이 없이.

18

문헌학에 관한 모든 규정은 스스로를 비규정할 수밖에 없다.
그래서 다른 공간에 자리를 내어줄 수밖에 없다.

19

언어를 소유한 동물―zoon logon echon―로 인간을 규정하는 [아리스토텔레스의] 정식은 다음과 같이 교정하면 보다 분명한 뜻을 얻게 된다. 인간은 **에우케를 하는 동물**zoon logon euchomenon이다. 즉 인간은 언어를 부탁하고 언어를 요구하는 동물이라는 것이다. 이로써 인간은 **문헌학적 동물**zoon philologon로 특징지어진다. 언어를 향한 인간의 요구는 모든 주어진 언어에 대한 요구를 넘어선다. 주어진 언어에 대한 인식은 언어를 주고 또 거부(당)하는 경험 없이는 전혀 불가능한 것이다. 유한한 언어에 대한 탐사는 무한히 유한한 언어가 열리지 않는다면 도무지 불가능하다.

20

지식이 막힌 곳에서 정서는 움직인다. 존재론이 멈춘 곳에서
문헌학은 운동한디.

21

문헌학은 말하는 자들의 열정이다. 문헌학은 언어적 실존의 기울기를 표시한다.

22

말의 가장 근원적인 의미에서의 문헌학 없이는 문헌학자도 있을 수 없다. 〔…〕 문헌학은 논리〔로고스〕적 정서요, 철학의 짝패요, 화학적 인식에 대한 열광이다. 왜냐하면 문법이란 진실로 자르고 붙이기라는 보편적인 기술 중에서 오직 철학적인 부분만을 담당하는 것이기 때문이다. 〔…〕 (프리드리히 슐레겔, 『아테네움』, 404번)

23

문헌학에 대한 슐레겔Friedrich Schlegel의 어원학적 해명 속에서 논리적 정서logischer Affekt는 언어를 위한 정서를 뜻할 수도 있지만 동시에 언어의 정서를 가리킬 수도 있다. 그러니까 그것은 언어를 위한 언어의 정서인 것이다. 언어가 언어를 향하고 언어에 끌린다면, 그것은 다른 언어, 자기와 구분되는 언어로서의 자기 자신에게 그런 것이다. 오직 정서 속에서만, 열광 속에서만 언어는 자기와 분리된 언어 혹은 자기에게 임박한 언어와 결합할 수 있다. 자르고 붙이기라는 보편적인 기술universelle Scheidungs- und Verbindungskunst을 문헌학이라 부를 수 있는 까닭은 그것이 붙이기를 통해 자르기를 지양하기 때문이 아니라 자르기를 통해 잘려 나간 것에 스스로를 결합시킬 수 있기 때문이다. 문헌학은 단지 다른 경험적 언어 혹은 잠재적으로 경험 가능한 언어를 향한 끌림인 것만이 아니다. 문헌학은 언어의 타자성, 타자성으로서의 언어성, 계속 달라지는 것으로서의 언어 자체를 향한 끌림이다.

24

문헌학Philologie, 타문헌학Phil*allo*logie, 비문헌학Philalogie.

25

다시 한번, 다르게. 문헌학은 언어를 향한 언어의 끌림이다. 언어를 이끄는 이 언어 자체도 자기를 향한 혹은 또 다른 언어를 향한 끌림이다. 그러므로 문헌학은 끌림으로서의 언어를 향한 끌림이다. 문헌학은 언어 속에서 언어의 '좋아하다 Mögen,' 언어의 고유한 '좋아하다'를 좋아한다. 언어는 자신의 타자 안에서의 자기-감염이다. 문헌학은 사랑에 대한 사랑〔사랑사랑〕Philophilie이다.

문헌학이 좋아하고 또 자기를 좋아할 수 있는 것은 오직 좋아하고 자기를 좋아하는 상대가 자신이 아니기 때문이다. 좋아하는 이와 좋아지는 이가 언제나 타자이기 때문이다. 그러니까 문헌학은 자신의 좋아하지-아니함과 좋아지지-아니함을 좋아하게 된다. 이것은 자신에 대한 증오학〔증憎논리〕Misologie의 문헌학이다.

26

문헌학은 제3자기自己, **selbdritt** 언어다. 제4자기. 언어의 관계
들의 무대에서 제4의 벽은 〔항상〕 열려 있다.

27

아무도 모른다, 오직 자기 자신에 대해서만 신경 쓴다는 것
이야말로 언어의 고유성이라는 사실을. 그렇기에 언어는
경이롭고 풍요로운 비밀인 것이다. 그래서 가령 누군가가
그저 말하기 위해서 말한다면, 그는 실로 가장 영광스럽고
가장 근원적인 진리를 발설한 셈이다. 〔…〕 그런데 이 사실
로부터 또한 일부 진지한 사람들이 언어에 대해 갖는 혐오
가 생겨난다. 그들은 언어의 시건방을 알아챈 것이다. 〔…〕
(노발리스,「독백」)

28

언어에 대해 그리고 자기 자신에 대해 아무 권력도 갖지 못한 까닭에 문헌학은 언어의 성찰적 자기의식으로 조직될 수 없다. 문헌학은 처음부터 자기 바깥에 있다. 문헌학은 자기를 잊는다. 자기의 현안懸案인 언어에 헌신하기 때문에 문헌학은 정작 자신이 잊혀지는 것을 용인할 수밖에 없다.

29

언어의 망각이 언어에 속하듯이 문헌학의 망각도 문헌학에 속한다. 오직 자신을 망각하는 덕분에 문헌학은 언어를 지식의 형태로 몰아가지 않으면서도 언어를 추적할 수 있는 것이다. 오직 자신을 망각하는 덕분에 문헌학은 학문의 형식, 더 정확히는 존재론의 형식을 받아들일 재량을 갖는다. 그런데 오직 스스로를 망각한 상태에서만 문헌학은 역사적일 수 있고, 역사적 변화를 감당할 능력을 갖는다. 항상 한 언어에 접해서, 항상 언어의 타자성을 확고히 해주는 형식들에 접해서, 언제나 **접**존재론적으로*anontologisch.*

30

플라톤에게는 문헌학자와 철학자 간의 구별이 존재하지 않았다. 문헌학자는 책으로 작업하고, 철학자가 스스로[의 사유로] 작업하게 된 것은 나중의 일이다. [⋯] 14세기 말부터 15세기까지 법학자는 의학자이자 신학자였으며, 동시에 문헌학자이기도 했다. (니체, 『문헌학 백과사전』)

31

문헌학으로부터 나온 역사가 아닌 문헌학의 역사란 있을 수 없다. 그리고 문헌학이 유보留保하지 않을 문헌학의 역사와 문헌학으로부터 나온 역사도 있을 수 없다. 모든 주어진 언어를 넘어서는 문헌학은 부기附記, 교정, 의심, 요구를 통해 문헌학의 고유한 역사에 관한 온갖 표상들 또한 넘어선다. 문헌학은 주어진 것을 주는 운동으로 변화시키고 이 주는 행위를 유보로부터 해방시킨다.

32

이야기는 차례에 따라 이루어진다. 이야기는 하나의 분명한 혹은 은근한 "그런 다음"을 통해 사건과 행위와 사태를 하나로 결합한다. 이 차례가 부가附加의 형태, 즉 "그런"을 하나의 "더하기"로 만들어서 잠재적으로 무한한 연쇄를 하나의 유한한 계열로 바꾸고 또 이것을 다시 하나로 종합하거나 정돈된 전체로 만드는 형태가 될는지 어떨지는 모르겠으나, 어쨌든 "그런 다음"은 〔적어도 두 개 이상의〕 진술들, 즉 이야기의 흐름을 만드는 시제 계사繫辭를 가진 진술들을 조합하기 위한 최소공식이다. 이 구성을 분명히 보여주는 것이 문헌학의 일이다. 따라서 이 "그런 다음" 속에서 "그러고는"을, 이 "그러고는" 속에서 "더 이상 아닌"을, 그리고 이 "더 이상 아닌" 속에서 "아니nicht"를 분명히 드러내는 것 역시 문헌학의 일이다. 접속사는 아니Nicht의 자리를 지키는 것이 아니라, 아니를 위한 자리를 여는 것이다. 바로 이 아니가 이야기의 연쇄가 이야기의 결론으로 사그라들지 않도록 지켜줌으로써 이야기의 가능성을 열어준다. "더 이상 아닌"의 형태로든, 아니면 "아직은 아닌"의 형태로든 말이다. 행위를 인과에 따라, 그리고 결단을 동기에 따라 설명하려는 모든 "그렇게 해서"의 앞에는, 그리고 그 안에는 항상 "그런 다음"과 "아니"가 버티고 서 있다. 이것들은 〔사건의〕 원인도 행위의 근거Beweggrund도

정해주지 않는다. 대신 그것은 무릇 역사란 오직 하나의 아니
Nicht로부터만 출발하는 것임을 암시한다.

33

아니가 [혹은 아니를] 건드리는 것은 우연적인 것이다. 그러므로 역사를 우연적인 것이라 일컬을 수 있는 섯이다. 역사는 무언가가 내버려지는 곳에서 발생한다.

34

일어나는 것은 이별이다.

35

언어의 내적 법칙이 역사다. 문헌학은 이 법칙, 오직 이 법칙
의 파수꾼이다.

36

모든 "그리고 계속해서〔기타 등등〕" 속에서 "더 이상 그렇게는 아닌"과 "더는 아닌"과 "그와는 달리"를 간취하고 실현하며 실천하는 것이 문헌학의 일이다. 이것은 문헌학의 정치가 보여주는 가장 작은 제스처다.

37

문헌학은 엉뚱한 결론non sequitur을 향한 사랑이다.

38

문헌학이 현상들의 성좌와 형상들의 배치와 문장들의 구성
에 주목한다는 말은, 그것이 현상과 형상과 단어뿐 아니라 그
에 못지않게 그들을 도드라지게 만들어주는 어두운 토대에
도 기대고 있음을 뜻한다. 왜냐하면 이 토대야말로 문헌학의
유일한 "협協, co"이거나 "화和, con"이거나 "협화cum"이기 때
문이다.

39

문헌학에게 언어란 수단의 영역에서 소진되는 것이 아니다. 언어가 매개라면 그것은 동시에 도약이어야 하며, 언어가 전달이라면 그것은 동시에 그 전달의 탈선이나 중단이어야 한다. 문헌학 자체도 마찬가지다. 문헌학은 절단切斷하는kappen 계사Kopula, 절사切辭, Kappula다.

40

『뤼시스*Lysis*』라는 제목의 텍스트에서 플라톤은 필리아 philía의 개념에 대해 탐구했다. 문헌학은 풀어진 주의력 Aufmerksamkeit이다.—그렇다면 필리아 자체가 문헌학에서 풀려야 하는 것은 아닐까?

41

알로이스 리글Alois Riegl은 공간 배치와 관련해 지금까지도 결정적인 영향을 미치고 있는 역사적 변화가 후기 로마 예술에서 일어났음을 간파하고 이를 "간극의 해방"이란 말로 특징지었다. 간극의 해방, 이것은 동시에 문헌학의 공식이기도 하다. 문헌학은 경계 현상들 사이의 간극을 해방시키며, 여기서 한 걸음 더 나아가 경계 현상들 사이의 간극에서 현상들을 개발한다. 즉 사이 공간 속에 존재하는 비현상적 운동으로부터 현상적 운동을, 4차원으로부터 공간을, 마지막에 가서는 비非-차원으로부터 모든 차원을 개발하는 것이다.

42

나는 (나를) 밝힌다/광대하게|M'illumino/d'immenso(웅가레티
Giuseppe Ungaretti).—통약 불가능한 것은 언어 바깥에 있지
않다. 통약 불가능한 것은 언어다.

43

언어란 무한히 그리고 불연속적으로 자기를 넘어서는 것이
므로, 문헌학의 목표는 언어 도약Sprachsprung이어야 한다.

44

이름은 이름을 갖지 않는다. 따라서 이름은 명명 불가능하다 (디오니시오스, 마이모니데스, 베케트). 문헌학의 두 가지 극단적인 가능성. 첫째, 삶으로서의 문헌학. 이름의 철자들을 써나가지만 그러면서도 어떤 명명에도 결코 명중되지 않는 삶. 이 경우 문헌학은 거룩한 것, 삶의 신학의 현안懸案이 될 것이다. 둘째, 언어를 문장-언어로 다루는 문헌학. 이 언어는 자신이 가진 어떤 요소로도 이름을 건드리지 못하는데, 이는 그 요소들이 모조리 문장 속에서 용해되기 때문이다. 문장의 문헌학은 범속해지게 해달라고 요청한다. 명명을 통해서는 이름 속의 삶에 대해 말할 수 없기에, 우리는 그것에 대해 침묵할 수밖에 없다. 이름을 알지 못하고 다만 문장들의 끝없는 유희만을 알 뿐이기에, 범속한 문헌학은 본질적인 것 혹은 초超본질적인 것을 일절 이야기할 수 없다. 이 두 문헌학에 공통된 점은 아니-말하기Nicht-sagen에 대해서는 아무것도 말하지 않는다는 사실이다. 신학적인 것과 범속한 것 간의 대립을 따르지 않는 **다른** 문헌학을 위해 남아 있는 한 가지 일은 바로 이 아니-말하기를 말하는 것이다. 〔그런데〕 혹시 저 두 문헌학에서 이 아니-말하기가 이미 행해진 것은 아닐까? 극단의 신학은 이미 전면적인 범속화를 추진해왔고, 또 범속한 문헌학은 〔그것대로〕 언어의 신학화를 추진해온 것이 아닌가 말이다.—이 양자는 이름의 익명성 속에서 아닌-신atheos과 아닌-말alogos을 분절함으로써 그 일을 해낸 것이 아닐까. 그러나 이 두 문헌학이 할 수 있는 것보다 한층 분명하게 아니-말하기를 하는 일이 지 다른 문헌학에게 과제로 주어져 있다.

45

세속화가 진행되면서 일요일과 안식일, 공휴일과 축제일이
모조리 철폐되면서 이제 업무일Werktag이 만-일萬-日〔일상〕이
되고, 일상언어 및 노동언어가 **만국공통어**lingua franca가 되
었다. 문헌학은 성스러운 것을 펼치는 매체〔중간태〕에서 행
복을 위해 노동하는 기계로 바뀌었다. 노동을 **통해서**vermittels
얻을 수도, 노동 안에서in 찾을 수도 없는 행복을 위해. 또한
문헌학은 언어적 공산품과 공산품 제작자를 제작하는 산업
의 한 지점이 되었다. **다른**andere 문헌학이 염두에 두어야 하
는 결정적인 역사적 질문 가운데 하나는 이것이다. 그럼에도
불구하고, 모든 업무일이 일요일이 될 수는 없지 않겠는가.
문헌학이 지향하고 수행하는 모든 노동이 과연 "삶의 일요
일"―헤겔적인 의미에서든 아니면 크노Raymond Queneau적인
의미에서든―을 기릴 수 있을 것인가. 이 다른 문헌학은 의
미와 목표를 지향할 수 없다. 그것은 오직 축제를 향해서만,
축제로부터만 존재할 수 있을 따름이다.

46

문헌학, 그러니까 언어의 휴식 안에.

47

문헌학은 언어로부터 언어가 석방되는 사건이다. 문헌학은
세계에 관해 말해진 모든 것과 계속 더 말해질 수 있는 모든
것으로부터 세계를 해방시키는 것이다.

48

만약 언어가 하나의 의미를 위하여für 말한다면, 그것은 또한 의미의 부재 속에서도 말할 수 있어야 한다. 만약 언어가 한 명의 수신자를 위하여für 말한다면, 그것은 또한 수신자의 부재 속에서도 말할 수 있어야 한다. 만약 언어가 무언가를 위하여für 말한다면, 그것은 또한 무언가를 갖지 않은 위하여Für, 무언가에 배속-규정된 '위하여'를 갖지 않은 위하여가 되어야 한다. 언어는 존재론적 과정의 절반에 지나지 않는다. 나머지 절반은 문헌학이 감당해야 한다.

48

49

언어는 문헌학의 오브즈大嬉, objeu다.

　(문헌학자의 귀를 가졌던 프랑시스 퐁주Francis Ponge는 오브제objet라는 단어에서 오브즈라는 다른 단어를 들었고, 자신의 텍스트에 이 단어를 활용했다. 이를 통해 그는, 『피네간의 경야Finnegans Wake』에서 조이스James Joyce가 웅장한 문체와 마치 들린 듯한delirant 솜씨로 그랬듯이, 어떤 다른 문헌학을 지어낸 셈이다. 오브즈는 놀이 속에서 주체의 대상으로 마비되지 않고 자신의 자유를 보전하는 객체Objekt다. 이것은 명명을 통해 사태Sache를 대상화하는 것에 저항하는 놀이다. 이런 오브즈는 무슨 말이든 될 수 있고 심지어 통째로 언어가 될 수도 있다. 오브즈 속에서 언어는 언어에 맞서 논다.)

　모든 언어가 그렇듯이 문헌학 역시 언어에 의한 언어이며 프로그램될 수 없는 방식으로 움직이는 놀이다. 문헌학은 트라즈通嬉, trajeu하는 언어다.

50

"지상에 척도는 있는가? 그런 것은 없다." 횔덜린의 이 말
은 인간이 척도라는 프로타고라스의 선언Auskunft을 기각한
다. 인간학은 인간에 대해 묻지 못한다. 이미 알고 있다고 믿
기 때문이다. 즉 인간은 주체가 가진 주체성의 뒤흔들 수 없
는 확실성이며 그런고로 만물의 척도라는 것이다. 간단히 말
해 인간학은 묻지 않기 때문에 아는 것이다. 그러나 질문하기
속에서 모든 확실성은 언어에 내맡겨진다. 그리고 언어에 대
해서는 이렇게 말해야 한다. 그것은 어떤 척도도 주지 않는
다. 횔덜린은 질문하는 자—오이디푸스—의 고통을 형언할
수도unbeschreiblich, 발설할 수도unaussprechlich, 표현할 수도
unausdrücklich 없는 것이라 명명했다. 언어와 말할 수 없는 것,
표현과 표현할 수 없는 것 사이에 불균형이 존재하기 때문에
언어는 메트론métron이 없는 것, 즉 척도 없는 것이 된다. 횔
덜린의 언어가 '자유로운 리듬freien Rhythmen' 속에서 말하는
것은 이 때문이다.—자신의 [목]소리에 맞게 조율되지 못하
고, 따라서 '입맞추기stimmen'할 수 없는 언어, 이것과 합치될
수 있는 것은 오직 문헌학뿐이다. 전승된 것이든 시대 흐름을
따르는 것이든, 그 어떤 척도도 찾지 못하는 문헌학. '자유로
운 리듬' 속에 있는 문헌학.

51

자신보다 상위에 있는 언어에 의해 철회될 수 없는 메타언어
란 존재하지 않는다. 이 철회Desaveu는 문헌학의 제스처 가운
데 하나다.

52

〔…〕 그는 해도 될 것이었다/그가 말했다면 이/시대에 대해, 그는/해도 될 것이었다/다만 지껄이고 또 지껄이고,/언제나-, 언제나-/너무너무.//(「팔락쉬, 팔락쉬Pallaksch. Pallaksch」)—첼란Paul Celan의 이 시구에 문헌학은 어떻게 대답할 것인가? 이 시구 안에서 와해된 언어 규범에 비추어 그것을 측정하려는 모든 시도를 기각함으로써. 이 시구 안에 마치 어떤 반사회성 성격장애라도 나타난다고 보는 정신의학적 진단, 그것이야말로 언어장애라고 간주함으로써. 이 시구에서 횔덜린, 뷔히너 등의 작가들을 떠올리게 하는 흔적들을 추적함으로써, 마치 꿈결로 들어가는 움직임인 양 시구의 종결부를 따라감으로써, 이 시구를 다른 방식의 인간 언어를 위한 비망록으로 삼음으로써. 다만 지껄일 수 있을 뿐이라고 말하는 고통의 언어를 위한 비망록으로 삼는 것이다. 그러나 이 언어의 고유한 법칙, 즉 고통을 언어로 가져오는 것이 아니라 거꾸로 언어를 고통으로 가져가야 한다는 법칙은 훼손된다. 언어고통Sprachschmerz, 이것에게 문헌학은 어떻게 대답할 것인가? 그것을 자신의 고유한 언어의 고통으로 인식함으로써? 타자의 고통을 다르게 반복함으로써? 고통을, 타자를 바꿈으로써? 그 고통에 의해 스스로 바뀜으로써? 그것을 떼어냄으로써? 그러나 이 시는 아무 질문도 제기하지 않는다.

문헌학은 아무 대답도 주지 않는다.

53

언어는 술어적 진술의 대상이 될 수 없다. 왜냐하면 술어적 진술은 대상에 속하는 동시에 속하지 않아야 하기 때문이다. 언어의 비유가 되는 동시에 언어의 비유가 되지 않아야만 비로소 비유는 언어를 표현할 수 있다. 언어에 관한 모든 진술과 언어에 대한 모든 비유는 제풀에 꺾인다. 언어 안에서 "그 언어"라고 불리는 것은 접–비유–학an-tropo-logie적 사건 자체다.

18세기 이래 철학은 이러한 곤경에 적절히 대처할 수 있었다. 인간이란 본질적으로 본질 규정을 결여한 존재라는 사실, 그러므로 인간의 본질은 실존 안에 놓여 있으며 이 실존은 어떻게 하더라도 결코 본질화될 수 없다는 사실을 받아들였기 때문이다. 문헌학이 이 곤경에 대처할 수 있는 방법은 오직 언어적 실존을 종잡을 수 없는 사건으로 이해하는 것뿐이다. 그러니까 문헌학은 자신을 진술의 논리도 비유의 논리도 따르지 않는 운동으로 이해해야 한다. 그러나 이 두 논리를 무력하게 만들지 않는 운동이어야 한다. 문헌학은 인간학Anthropologie이 아니라 접–비유학An-tropologie이다.

54

로만 야콥슨Roman Jakobson이 등가성의 축 위에서 이뤄지는 대체로서의 '시적 기능'을 다른 기능, 즉 우리가 산문적 기능이라 부를 수 있는 것으로서 인접성의 축 위에서 이뤄지는 결합을 통해 실현되는 기능과 대비시켰다면, 이들 간의 관계로 구성된 기하학은 저 두 축이 영점Nullpunkt에서 교차한다는 사실을 함축한다. 이 영점에서는 두 축이 대체와 인접의 논리 모두를, 그러니까 시적 기능과 산문적 기능 모두를 따르는 동시에 두 가지 모두를 따르지 않는다. 한 세기 동안 시학적, 인간학적, 정신분석학적 연구 영역에서 문헌학적 작업을 추동해온 은유와 환유의 수사학은 제로-기능을 가진 제로-수사학에 의존한 것이었다. 이 기능에 대해서는 심지어 활유Prosopopöie의 형상을 동원하더라도 해명할 수 없다. 왜냐하면 그것은 정립Setzung에 속하면서 속하지 않기 때문이다. 제로-수사학이란 모든 비유의 좌표계에서 빈 지점—더 정확히는 자리-자체의-없음Stellenleere—을 표시하는 것이리라. 언어 일반의 가능성을 보전하기 위해서는 이 빈 지점〔자리-자체의-없음〕이 필요하다. 제로의 문헌학이야말로 문헌학의 본원本源, Origo이다.

55

철학에게는 단지 **부정적 허무**nihil negativum만이 문제될 뿐이다. 철학은 자신의 대상을 이 부정적 허무로부터 떼어놓기 위해 애쓴다. 반면 문헌학에게는 일체의 부정을 감당하는 **허무**nihil가 중요하다. 그것은 이 허무를 언어적 사건으로 고찰하기 위함이다. 이것은 결코 무상한nichtig 무가 아니므로 주〔어지〕는 무nihil donans로 특징지을 수 없다. 문헌학에게는 단지 "언어―가 있다"만 있는 것이 아니다. 그 안에는 또한 "'언어―가 있다'는 없다"도 있다. 이것은 (자신을) 주는 언어, 그리고 (이렇게 자신을 주는 일을) 벗어나는 언어다.

56

토포스Topos 역시 나름의 시간을 갖는다. 바로크와 낭만주의의 무성한 비유의 숲을 보는 것 못지않게 20세기 비유의 황무지에도 주의를 기울이는 문헌학이라면, 언어의 간척干拓 작업이 한편으로는 술어 서술을 (이데올로기적인) 중심-토포스로 등장시키고, 다른 한편으로는 하나의 구멍―하나의 간극―을 여러 개의 구멍―과 간극―들로 증대시킨다는 사실을 알 것이다. 이것들은 어떤 토포스로도 메워질 수 없으며, 반대로 어떤 아토피아Atopie[비장소] 혹은 유토피아Utopie[전全 장소]를 열어놓는다. 공간Raum의 시간은 철거[공간화]Räumung의 시간에 의해 관통당한다. 시간-철거Zeit-Räumung는 더 이상 현상성의 조건으로 그치는 것이 아니며, 현상을 비현상적인 것으로 철수시키는 일이다. 시간 역시 나름의 시간을 갖는다. 시간은 **제곱연대기적**[시대착오적] *ana*chronistisch이다.

57

말해진 것에게 제아무리 끌리더라도 〔말해진 것이〕 아닌 것
을 향해 가는 용기, 이것은 문헌학에 속한다.

58

문헌학이 디테일에, 디테일의 뉘앙스에, 뉘앙스 사이의 빈틈 세계Intermundien에 접붙는다는 사실이 언어와 세계 속에서 일어나는 문헌학의 운동을 늦춘다. 문헌학의 느림에는 어떤 기준도 없다. 시간확대경Zeitlupe으로서 문헌학은 순간을 늘이고 그 순간 속에 존재하는, 연대 측정에 따른 시간에 속하지 않는 도약을 알아차린다. 시간 없는 세계, 시간 없는 언어. 이것이 존재하는 바의 세계이자 언어다. 전적으로, 현존하지 않고. 정확히 이처럼, 완전히 다르게.

59

문헌학―절대적 늘임표Fermate.

60

문헌학은 아무리 빠르다 해도 느리다. 본질적으로 느리다. 문헌학은 지각運刻이다.

61

너무 빠르게 읽거나 너무 느리게 읽으면 아무것도 듣지 못한
다 Quand on lit trop vite ou trop doucement on ne comprend rien (파스
칼). 너무 빠르게 또는 너무 느리게 읽는 사람은 아무것도 파
악하지 못한다. 하지만 바로 그렇기 때문에 그에게는 파악하
기, 이해하기, 간직하기 (prehendere, capere, conceptio) 란 진
정한 언어적 sprachlich 제스처가 아니라는 인식이 〔어렴풋하
게나마〕 떠오를 수 있다. (나는 파스칼이 "아무것도 듣지 못
한다"라고 적었다는 사실을 깨닫는다. 너무 늦게. 그럼에도.)

62

다시 말해 문헌학은 자신을 신봉하는 자들에게 무엇보다 다음 한 가지 사항, 즉 시간을 갖고 조용히 에두르면서 천천히 다가갈 것을 요구하는 존귀한 기술이다. 치밀하고 신중하게 일을 끝마치지 않으면 안 되고, 느린 리듬으로 하는 것이 아니면 아무것도 달성할 수 없는 말의 세공술이자 전문 지식인 것이다. 그러나 바로 이 때문에 문헌학은 예전보다 오늘날 더 필요하다. 오늘날은 모든 것, 심지어 모든 오래된 책과 새로운 책을 포함한 모든 것을 품위 없고 성급하게 비지땀을 흘리며 "곧바로 해치우는" "노동"의 시대다. 문헌학은 워낙에 그렇게 쉽게 끝낼 수 있는 것이 아니다. 문헌학은 제대로 읽는 법을 가르친다. 다시 말해 섬세한 손과 눈으로, 앞뒤를 고려하고 행간을 짐작하면서, 성급하게 결론 내리지 않고 천천히 신중하고 깊게 읽는 법을 가르치는 것이다. 〔…〕(니체, 『아침놀』, 서문, 5)

63

완전히 이해되는 표현, 텍스트, 작품과 맞닥뜨릴 때 문헌학은 흔들린다. 이는 이미 소화된 어떤 내용과 관련하여 문헌학이 그것을 멀리하거나 외면하거나 그에 대해 침묵하기 위해서 논쟁적인 태도를 취하는 것과 매한가지다. 이해 가능성 Verständlichkeit은 이해뿐 아니라, 심지어 이해하려는 의지까지 배척한다. 사랑받을 수 있는 것은 오직 낯선 것뿐이다. 가장 오래가는 것은 계속 더 가까워지면서도 여전히 먼 것이다. 이해할 수 없는 것, 분석할 수 없는 것—첫 만남prima facie에서뿐 아니라 끝 만남ultima facie에서도—만이 문헌학의 대상이 될 수 있다. 그러나 이것은 "대상Gegenstand"이 아니다. 그것은 근방近方이다. 여기서 문헌학은 운동하고 변화한다.

64

고요를 즐기지 않는 것은 문헌학이 아니다. 철자의 고요, 이미지의 고요, 건축의 고요, 그리고 음악과 사유의 고요를. 소요의 와중에서조차 문헌학은 다만 아무도 아닌 자와 아무것도 아닌 것을 위한 존재를 향해 돌아선다. 다른 모든 것은 연극이다. 이는 "대상" 측 못지않게 자기 측에서도 마찬가지다.

65

그리고 남은 것은 모두 문학이다Et tout le reste est littérature. 문헌학은 베를렌Paul Verlaine이 말한 이 나머지와 관계한다. 또한 그것은 셰익스피어가 말한 나머지와도 관계한다. 나머지는 침묵이다The rest is silence. 이 두 나머지를 구분하기 위해—이 구분은 때로 무한소無限小의 차원까지 내려간다—문헌학은 비평이 된다.

66

모든 것을 말하면서 아무것도 의미하지 않는 것, 이것은 성공한 작품의 특징일 수 있다. 이런 작품은 지시할 바깥을 가지지 않는다. 그것은 자기 안에 세계를 응축시킨다. 우리가 바위를 두고 '이것은 응축된 질료다'라고 말하면, 그것은 응축된 세계가 된다. 성공한 작품은 촘촘한 것, 시Gedichte다. 그러므로 그것은 결코 완결되지 않는다. 모든 것을 말하는 고로, 그것은 또한 타자와 다른 시대를 위해서도 말한다. 그러나 작품은 타자와 다른 시대를 의미하지 않고, 이들 혹은 자기 자신에 대한 지식을 주장하지도 않는다. 따라서 작품의 이러한dieser 모나드적 구조에 부합하는 문헌학의 이념은 다른 세계를 가리키고 그 세계를 위해 봉사하는 해석Deutung이 아니라, 다만—말해진, 그려진, 지어진—무언가가 있다고 혹은 없다고 분명하게 밝히는 것이다. 이렇듯 분명하게 밝히는 일은 오직 의아함 속에서만 성공할 수 있다. 문헌학은 의아함이다. 그래서 문헌학은 느리고 고요하다. 그래서 문헌학의 상대는 천천히 돌이 된다. 그런데 여기서 고르곤은 누구인가?

67

틀림없이, 문헌학은 묻는다. "누가 말하는가Qui parle?" 그러나 한 명의 화자에 대해서만 묻는 것이 아니라, 먼저 말하는 자, 함께 말하는 자, 그리고 후에 말하는 자로 이루어진, 예측 불가능한 복수複數의 화자들에 대해서도 묻는다.—그러니까 결국 '자기 자신'에 대해서도. 모든 질문은 대답의 부재 속에서 제기되며, 또 이 부재는 무한히 지속될 수 있는 탓에 문헌학은 또한 이렇게 묻는다, 물어야만 한다. "누가 침묵하는가?" 그리고 "무엇이 침묵하는가?"—그리고 그것은 스스로 침묵에 잠겨야 한다.

68

아마도 문헌학을 위해서는 오직 고요한 삶만이 존재할 것이다. 우리는 알고 있다. 그런 고요한 삶 역시 도륙屠戮의 현장, 도륙의 축제가 될 수 있음을. 모든 것이 아직noch 생생하고 lebendig, 모든 것이 이미 고요하다still.

69

문헌학의 연습—문헌학의 **고행**askésis, 훈련, 학습, 실습, 망
실, 망각—은 기다림이다. 항상 무언가를 기다리는 것은 아
니다. 기대에 앞서 기다림이 있었다. 기다림 속에 문헌학의
현재가 펼쳐져 있다. 문헌학은 단어 곁에서의 기다림이다.

70

문헌학: 체류, 개방. 망루.

71

문헌학은 초혼招魂, Nekyia이다. 아드 플루레스 이레ad plures ire, 사자死者들을 향해 내려가기. 문헌학은 가장 큰, 가장 기묘한, 그리고 계속 성장하는 집단에 자신을 덧댄다. 그리고 땅 아래 있는 자들이 말할 수 있게끔 자신이 가진 언어의 목숨을 얼마간 내어준다. 문헌학은 죽는다—문헌학도 죽고, 모든 문헌학자도 죽는다—, 저 수많은 죽은 자들 가운데 다만 한 사람에게라도 잠시나마 자신의 언어 속에서 후생後生을 살 기회를 주고자. 죽은 자들과 함께 사회를 만드는 문헌학이 없다면, 살아 있는 자들은 사회를 이룰 수 없을 것이다. 그러나 문헌학의 사회는 어떤 사회에도 속하지 않는 자들의 사회다. 이 사회의 삶은 죽음과 더불어 사는 삶이며, 이 사회의 언어는 〔죽은 자들을 위한〕 금언Erschweigen이다.

72

문헌학은 묻는다, 세계를 손수 파낸다.

73

역사적 '과정Verlauf'이란 퇴적이다. 땅 없는 곳에서 켜켜이 생기는 침전이다. 언어들은 소멸하지 않는다, 가라앉을 뿐.

74

노래할 때 오르페우스는 문헌학자다.

75

첫걸음을 뗀 순간, 문헌학은 이미 문헌학의 문헌학이다. 문헌학은 문헌학적 업적에 관한 신화들과 거리를 둔다. 그것은 오르페우스를 에우리디케로, 에우리디케를 다시 헤르메스로 변화시키는 따위의 초역사적 상수를 용인하지 않는다. 문헌학은 탈-퇴적한다. 문헌학에 따라 만사가 진행된다면, 땅 위와 아래에서 남는 것은 오직 자유로운 하늘뿐일 것이다.

76

문헌학, 하나의 사랑 이야기. 1897년 12월 29일 프로이트가 플리스Wilhelm Fließ에게 보낸 편지. 자네도 아는 E씨는 10살 무렵 불안 발작을 겪었다네. 좀처럼 잡히지 않는 시커먼 갑충Käfer을 잡으려 애쓰던 참이었다지. 이 발작에 대한 해석은 그때까지는 모호했지. 〔…〕 그래서 우리는 〔거기서 분석을〕 멈췄네. 그런데 다음번 분석에 들어가기 전에 그가 나에게 이렇게 말하는 거야. 갑충에 대한 해석이 떠올랐다는 걸세. 그러니까 그건 〔프랑스어 표현〕 Que faire?라는 거야. ─ 문헌학자 프로이트가 "해석Deutung"이라 일컬은 것은 해당 단어를 그것과 결부된 사태에 대한 표상으로 번역Übersetzung하는 일이 아니다. 그것은 그 단어가 가질 법한 의미들 대신 그것을 명명할 때 나타나는 〔특이한〕 어투Idiom로 주의를 돌리는 것, 즉 〔차원의〕 이동Versetzung이었다. 오직 의미로부터 탈각함으로써만 발작 대신 착상이, 불안 대신 이유Artikulation가, 동물 혹은 동물의 이름(케퍼) 대신 질문(크페어?)이 등장할 수 있었던 것이다. 게다가 이 질문은 다른 언어, 즉 프랑스어로 된 질문이었다. 프로이트는 계속해서 이야기한다. 왜냐하면 E씨의 유모, 즉 첫사랑이 프랑스인이었기 때문이라네. 그러니까 그는 독일어보다 먼저 프랑스어로 말하는 걸 배웠던 걸세. "해석"으로 가는 길은 의미로 이어지는 길이 아니다. 그것은 한 언어의 반복Wiederholung으로 이어지는 길, 아니 다른 언어에 가려져 있는 언어 안으로in 그것을 다시 데려가는Wieder-holung 길이다. 문헌학의 운동은 첫사랑의 언어를 향한, [처음으로] 사랑했던 언어를 향한 운동이다. Que faire?라는 질문과 이 질문["무엇을 할 것인가?"] 속에서 물어진 것을 여기서는, 즉 반복 속에서는, 사랑이 감수感受한다. 왜냐하면 Que faire?라는 질문 속에서 그것이 묻고 있는 것은 이미 이뤄져 있는 셈이기 때문이다.

　　문헌학은 첫사랑이 반복되도록 해주는 것, 첫사랑이 반복을 감수하게 해주는 것이다.

77

과거의 것이 아니라 과거에서 미래로 건너간 어떤 것이 반복된다. 문헌학은 이 행보를 반복하며 현재를 위해 자신에게서 빠져 있는 것을 미래에서 가져온다.—무엇이 문헌학에서 빠져 있는가?—무가 빠져 있다〔아무것도 빠져 있지 않다〕.

78

문헌학 후에nach 무엇이 올 것인가라는 질문에 대해 우리는 우선 다음과 같은 대답을 기대할 수 있다. 포스트-문헌학이 올 것이다. 그러나 이 질문에 대한 모든―이것을 포함한― 대답은 문헌학적 대답이다. 왜냐하면 아주 조금Minimum이라도 문헌학을 맛보지 않고서는 누구도 그 질문을 이해할 수 없고 대답할 수도 없을 것이기 때문이다. 그 질문 자체도 이미 기초 문헌학적 질문이다. 문헌학의 끝과 너머를 묻고 있으니 말이다. 애초부터 문헌학은 자기 자신과는 다른 무언가를 향해 넘어 나아가는 것이다. 문헌학은 자신이 아닌 것을 향한 길이며, 따라서―타동사적 의미에서―자신에 대한 아니Nicht이자 자신의 이후Nach다. 문헌학의 존재는 아무리 멀어도 가까우며 또 아무리 가까워도 먼 것이다. 가까멂Fernähe, 이것은 철학에게는 닫혀 있고 문헌학에게는 열려 있는 시공간이다.

79

전세前世로부터 후세後世로 가는 것인가 아니면 그 반대인가? 아니면 동시에zugleich 거꾸로 가는 것인가? 모든 전도顚倒는 반복이 아닌가? 그리고 모든 반복은 반복되는 것의 강화强化이며und 말소抹消, Tilgung가 아닌가? 모든 반복은 다른 미래로부터 오는 것이 아닌가?

바브(ꞵ) 하-히푸크waw ha-hippukh의 시간은 메시아적 시간이다ist die messianische Zeit. (숄렘Gershom Scholem, 「95개 테제」, 83번)

80

문헌학은 언어가 의도한gemeint 미래와는 다른andere 미래를
위한 이름이다.

언어 안에서―그리고 그 자신 안에서―의도 없이, 존재
감 없이, 알려지지 않은 채 남아 있는 것을 책임지는 고로, 문
헌학은 언어의 비밀을 위한 이름이다. 언어의 비밀secretum,
치부pudendum, 언어의 고향, 상처, 언어에 속하지 않는 것과
언어 자체가 아닌 것을 위한 이름. 존재론과 논리학의 어떤
구멍을 위한, 〔거기에〕 없는 구멍을 위한 이름. 그러므로 하
나의 오명誤名.

81

통용되는 매체 이론들은 하나같이 언어가 존재하지 않아도 매체는 존재할 수 있다고 가정한다. 언어란 여러 매체들 가운데 하나라는 것이다. 그렇지 않다. 언어가 존재하지 않으면, 다른 어떤 매체도 존재할 수 없다. 언어는 모든 매체의 매체다. 매체들은 모두 나름의 특수한 방식에 따라 언어적이다. 이는 표정, 제스처, 건물의 공간 배치, 단지의 건물 배열, 색채 구성, 형상, 그림 액자, 모든 예술의 기술적 구성 등을 아우른다. 모든 매체는 취소Widerruf에 기초한다. 그것들은 자신이 파괴될 수 있고 이해받지 못하거나 오용될 수 있음을, 목적을 이룰 수 없음을, 목표에 다다를 수 없음을 아는 상태에서 출발한다. 궁극 원인causa finalis이 아니라 궁극 원인의 결여causa finalis defecta가 그것들을 규정하고 또한 비규정indeterminiert 한다. 매체가 기능하는 것은 오직 기능하지 않을nicht 수 있는 덕분이다. 모든 매체는 자신의 미래가 아닌 미래, 즉 스스로 구성하거나 기획한 것이 아닐 수도 있는 미래, 자신이 상정하거나 접수하지 못할 수도 있는 미래와 관계한다. 즉, 자신의 아니Nicht와 관계하는 것이다.

　매체가 언어로서 존재하는 이유는 자신의 실패를 예측하려 시도하면서 또한 이 시도가 겪는 실패와 더불어 놀기 때문이다. 그것들은 제 가능성이 파괴되거나 해체될 수 있다는 사실과 더불어 작동한다. 이렇게 말해야 한다. 매체들은 자신의 비-작동성Nicht-Operationalität과 더불어 작동한다. 매체들은 자신의 비매체성Immedialität을 매체화한다mediieren.

'매체 연구media studies'가 자신과 자신의 대상이 〔공히〕 이처럼 탈조脫造, Distruktur로 이뤄져 있다는 사실을 인식할 경우, 그것은 문헌학이 된다.

82

문헌학의 토대는 상처다. 문헌학은 울부짖는다. 그러나 이 필록테테스의 울부짖음을 듣는 이는 그 자신밖에 없다. 그는 고립되어 있는 것이다. 전사들은 필록테테스의 활 없이는 더 나아갈 수 없다는 사실을 깨달은 후에야 비로소 그를 찾아 섬으로 간다. (그러나 그들이 향한 곳은 결국 더 많은 상처가 아닐까?)

83

열정은 트라우마다. 통찰은 통증이다. 문헌학은 말하는 자들의 첫번째 열정이기에, 그들이 문헌학을 좋아하지 않는 것은 전혀 놀라운 일이 아니다. 그들은 좋아함 자체를 좋아하지 않는다. 그러나 무언가를 좋아하지 않기 위해서는 이 아니-좋아함Nichtmögen을 좋아해야 한다. 문헌학은 언어의 아니-좋아함을—끝없이ad infinitum—좋아하는 것이다.

84

우리는 모두 언어에 대해 말하는 것을 어려워한다.—이처럼 애매한 단어들(이를테면 "만들다machen")은 말하자면 일망타진과 같다〔…〕(프로이트가 플리스에게 보낸 1897년 12월 22일 자 편지).—아무리 미세한 정도라고 해도 어쨌든 폭력적이고 살인적인 성향이 문헌학과 유착 관계라는 점에 대해서는 말하기 자체가 이미 야만Brutalisierung으로 느껴진다는 사실 외에 달리 설명할 길이 없다. 엄청난 격정을 나직한 속삭임과 낙서로 갈음하는 것은 정신적이고 육체적인 긴장을 낭비하는 일인데, 이렇게 소모된 긴장은〔그렇게 갈음하며〕원했던 결과, 즉 언어, 말하기, 말하는 자에 대해 쉽사리 등을 돌리게 된다. 증오학이 문헌학에 속하듯이, 논리타파주의Logoklasmus는 언어에 속한다. 우리는 승화의 과정이 언제든 수포로 돌아갈 수 있다는 사실을 두려워하기보다, 언어란 탄력적이지만 또한 극도로 부서지기 쉬운 승화의 울타리라는 사실, 즉 제스처, 흉내, 파렴치Infamie, 주먹다짐 Handgreiflichkeit 그리고 그 밖에 더 나쁜 것Schlimmeres을 통해 언제든 부서질 수 있는 울타리라는 사실에 익숙해져야 한다. 어떤 문장, 어떤 음절, 어떤 쉼표 속에서든 언어는 부서질 수 있다. 폭력은 우리 언어의 구조적 무의식에 속한다. 왜냐하면 우리 언어가 의식으로 나아갈 수 있는 길을 터주는 것이 바로 폭력이기 때문이다. 무언가를 말할 때 그로써 우리가 무슨 일을 하고 있는지 우리는 제대로 알지 못한다. 〔물론〕 간혹 요행히 알게 되는 수도 있을 것이다. 이 **미래완료**futurum exactum를 향해 열리는 간극Intervall 속에서 문헌학은 움직인다.

85

문헌학의 기독교적 성격은 16세기 종교개혁을 통해 곤혹스러운 전향을 감행했는데, 이 전향의 여파는 오늘날까지 계속되고 있다. 「요한복음」이 전하는, 사랑과 한 몸을 이루었던 신적인 **로고스**logos가 이제 창조를 증오하는 신, 자신을 믿는 자들로 하여금 **스스로에 대한 증오**Haß gegen sich selbst 속에서 삶을 허비하게 만드는 신이 되어버렸다(루터, 『95개의 테제』, 4번). 그러니까 플라톤과 요한의 **사랑**philía을 받았던 저 **로고스**logos를 완전히 왜곡함으로써 만들어진 하나의 단어, 하나의 언어, 하나의 언설로 인해 비길 데 없이 냉혹한 죄의식이 생겨난 것이다. **스스로에 대한 증오**Haß gegen sich selbst라는 표현이 뜻하는 바는 다음과 같다. 언어는 우리를 증오하고 비난하며 박해한다. 그래서 우리도 우리 자신을, 우리 안에 있는 언어를 증오하고 비난하며 박해한다, 우리가 언어 안에서 서로에 대해 그리고 언어에 대해 이해하려 할 때면 언제나. (—'~은 ~라는 뜻이다'라는 말은 증오한다는 뜻이다Was heißt, haßt—) 만약 언어가 자신을 싫어한다면, 그것은 손수 자신을 폐기하려 할 것이다. 그런데 이러한 폐기는 침묵과 행위를 통해서가 아니면 완수할 수 없는 것이며, 침묵과 행위 자체가 여전히 모종의 언어로 대우받기를 원하는 탓에, 폐기되는 수순에 접어든 언어는 오직 자신을 반복함으로써만 자신을 보존할 수 있다. 프로이트가 죽음충동과 반복강박이라는 개념을 통해 파악하려 한 것은 증오학의 역사적 질서다. 모든 역사, 질서, 언어를 말살하려 애써온 증오학. 종교개혁이라는 사기극Volte—이것은 기나긴 준비 과정을 거친 것이다—과 더불어 〔영혼을〕 죽이는 문자에 대한 관심이 커졌다. 이때부터 훈계하는 '성서'의 선동이 시작되었다. 이때부터 말의 재생산 기술이, 자본과 신용의 신앙고백Credo이, 죄와 빚의 경제학이 시작되었다. 모든 말이 범죄가 되었으며, 이 범죄를 숨기기 위해 모두가 다른 〔이의〕 말을 반복하게 되었다. 〔…〕 역사심리학적 문헌학이 감당해야 할 가장 절박한 과제 가운데 하나는 이처럼 가학적인 언어와 자살적인 문헌학으로 귀결된 저 세계사적 전향을 분석하는 것이다.

86

문헌학을 교리신학과 법학과 역사기록학의 보조 학문으로 강등시키는 것. 문헌학을 교육 기관에서 행하는 훈련 과정의 하나로 축소하는 것. 문헌학을 문학 연구Literaturwissenschaft를 위한 한 가지 방법으로 환원하는 것. 무엇보다, 이 모든 과정에 앞서 문헌학을 제도 학계의 지식 규범 아래 묶어 두려는 시도. 이와 같은 억압 기제들이 언어적 실존의 경험과 해명에 극심한 해악을 끼쳐왔고 또 끼치고 있지만, 그것들은 아직 문헌학적 충동을 완전히 파괴하지는 못했다. 물론 우리는 방심해서는 안 된다. 문헌학적 충동은 파괴될 수 있다. 국학國學적 문헌학들이 봉사해온 민족주의, 법률주의Juridismus, 고전주의Klassismus, 인종주의, 그리고 이 -주의들이 〔은밀히〕 부추기고 노상 내비쳐온 성차별주의Sexismus. 이 모든 것은 언어적 실존, 문헌학적 실존에 대한 공격이었고, 이로 인해 언어와 문헌학은 나날이 참혹하기 그지없는 황무지로 변해가고 있다. 이 문헌학들은 자기파괴적이다. 이들과 다른 문헌학은 발명과 개입의 수단—모든 수단—을 동원하여 이 파괴 작업에 맞서 싸워야 한다.

87

타자와 함께 말할 수 있고 타자를 읽고 들을 수 있다는 것에
대가를 치러야bezahlen 할 사람이 단 한 명이라도 존재한다면,
언어와 문헌학은 **자유롭지**frei 못하다.

88

언어와 마찬가지로 문헌학도 쾌락 원칙에 지배받지 않는다. 반복에서 출발하지 않고 반복을 열망하지 않는 **텍스트의 즐거움**plaisir du texte이란 존재하지 않는다. 그러나 경험을 반복하는 것은 무릇 경험으로부터 분리되는 고통을 반복하는 것이며 동시에 반복으로부터의 분리를 반복하는 것이다.

그러니까 반복은 그냥 반복이 아니다. 반복은 반복으로부터 멀어지고 반복을 해체한다. 반복은 **다른** 시작을 향하고, 시작과는 **다른** 것으로 되돌아오는 것이어야 한다. 이들—문헌학과 반복—은 그저 되돌아오는 것이 아니다. 이들은, 원칙 없이, 시작한다.

89

그렇게 세계를 다루는 문헌학자들이 있다. 마치 (환자인 양) 세계를 처방할 수 있다는 듯, 마치 (적과 하는 것처럼) 세계와 교섭할 수 있다는 듯, 마치 (도구나 상품 혹은 거래처인 양) 세계와 흥정할 수 있다는 듯, 마치 (하나의 주제인 양) 세계를 두고 토론할 수 있다는 듯. 그들은 문헌학이 이 세계의 일부가 아니라는 사실, 흥정이나 교섭 따위의 관계를 통해 다른 부분과 교제할 수 있는 일부가 아니라 세계 자체의 운동이라는 사실을 잊고 있다. 문헌학은 세계 자체의 세계로의 도래라는 사실을 그들은 잊고 있다. 이 **도래**Kommen는 **연출될** machen 수 없고 교섭될 수 없으며 의도적 행위를 통해 유발될 수도 없다. (이 세계의) 도래가 교섭 불가능한 것이라는 것, 이 경험을 다른 문헌학은 명시해야 한다. 이 문헌학이 가진 잠정적 준칙은 다음과 같다. "행동을 허락할 수 있도록 행동하라." 한 걸음 더 나아가자면, 이렇다. "준칙 없이 행동하라. '준칙 없이 행동하라'는 이 준칙마저 없이."

90

문헌학은 세계와 언어를 조작하려는 산업에 맞서 세계와 언어를 위해 세계 내전을 벌인다. 다시 말해 문헌학은 입막음에 맞서 싸우는 것이다. 따라서 문헌학은 자신이 가진 산업화 경향에 대해서도 싸울 준비를 하고 있어야 한다. 이 경향이 가진 가장 치명적인 형식, 마치 수면제나 마취 주사 같은 형식은 바로 저널리즘이다.

91

문헌학은 잠들어 있는 우리 언어의 성채 안으로 잠입한 트로이의 목마다. 만약 언어가 깨어난다면,

92

횔덜린의 철학적이고 시적인 주의력은 그가 비참한 시기에 쓴 문헌학적 논평 속에 응축되어 있다. "은혜로우신 주여, 보소서, 쉼표Komma를!" 모든 쉼표가 글자의 형상을 가질 가능성이 보장된다면, "쉼표"가 실제로 쉼표라고 불릴 가능성이 보장된다면, 우리는 이 논평을 자헌적字獻的, philographisch 논평이라고 부를 수 있을 것이다. 횔덜린의 언어에서 미래와 도착과 도래가 갖는 무게를 고려한다면, 이 "쉼표"는 진술되지 않고 [다만] 호명되고 초대되는 어떤 것을 가리킨다고 볼 수 있다. 그렇다면 문헌학은 쉼표를 찍는 것, 중단시키는 것, 휴지休止를 마련하는 것에 대한 주의력이 될 터이다. 왜냐하면 도래하는 자 혹은 도래란 오직 그것 안에서만 인지될 수 있기 때문이다.

93

만약 모든 사람이 더할 수 없이 성실한 태도로 문헌학을 수행한다면—이렇게 상상할 수는 있다—, 그때는 살인과 학살이 지배할 뿐, 언어도 문헌학도 더는 존재할 수 없을 것이다. 그러나 언어는 말하는 자들 사이에, 그리고 그들의 세계 안에 거리를 만들고, 두 사람의 대화 속에서 항상 제3자 및 제4자와 관계 맺는다. 언어는 공평무사하다sachlich. 그리고 언어가 '인물들Personen'을 언어로 들어오게 만든다면, 이 인물들은 우선 언어 안에서 삼가는 태도로 머무는 자들일 것이다. 아무리 살인적으로 작용할 수 있다 하더라도, 언어는 무엇보다 죽이지 말라는 명령에 다름 아니다. 언어는 죽음Tod에 대한, 전체Totum에 대한, 토템Totem에 대한 금기Tabu다. 문헌학은 비단 이 금기를 지키는 파수꾼일 뿐 아니라, 온갖 제스처를 통해 그것을 갱신하는 자이기도 하다.

94

문헌학자들도 춤을 춘다. 금송아지 주위에서, 금본위제 문화 주위에서, 제도화된 자본 주위에서, 희망봉 주위에서. 송아지 춤과 자본 춤을. 그러나 중요한 것은 춤추기 자체를 춤추는 것이다. (마르크스, 「포이어바흐에 관한 테제」, 11번)

95

기도의 형식으로서의 글쓰기, 그러니까 문헌학(카프카). 기도란 신이 존재하지 않을 때만 가능한 것이다. 오히려 기도가 비로소 신을 존재하게 한다. 없음과 있음 사이에서 계속 갈라지는 것이 문헌학의 길이다. 이 길은 계속되는 아포리아, 하나의 통通-아포리아Diaporie다.

95 이하

무규정자das Indefinite가 점점 규정되어가는 데서 느껴지는 즐
거움.

문헌학을 위하여

반-문헌학적anti-philologisch 정서가 존재한다. 인문학 분야에서 문헌학은 점점 더 사소한 학문, 입을 꾹 다문 채로 해야 하는 전문가들만의 일, 세계로부터 소외된, 더 나아가 미심쩍은 경우 세계에 적대적인 작업으로 여겨지고 있다. 글을 읽을 수 있는 사람이면 누구든 자연스럽게 대가가 될 수 있는 분야를 굳이 자기들만 전문적으로 할 수 있는 일이라고 우긴다는 것이다. 언어, 단어, 쉼표[휴지休止]에 집중할 수 있는 주의력 Aufmerksamkeit을 특권으로 삼는 것을 마뜩잖게 여기는 이러한 정서는 산만한 여론에 의해 거친 저항으로 전화될 뿐 아니라 적지 않은 경우 문헌학에 대한 경멸로까지 이어진다. 많은 수의 문헌학자들이 스스로 그 정서를 공유하고 있으며, 〔그래서〕 문헌학의 원천과 가장 긴밀하게 결부된 에너지가 그 정서에 자양분을 공급한다. 왜냐하면 문헌학은 학문적으로 아무리 견고하게 자리를 잡는다 해도 결코 분과학문일 수 없기 때문이다. 더욱이 문헌학은 먼지 쌓인 아카이브에서 파리 다리 개수 따위를 세는 활동이 아니며, 네온 번쩍이는 실험실에서 파리 다리를 채취하는 활동도 아니다. 문헌학이 명증한 것을 명증하다고 말하는 이른바 동어반복적 탐구가 될 수 있기 위해서는 먼저 말하고, 말하면서 생각하거나 행동하며, 자신과 타자의 행동, 제스처, 잠깐의 침묵 등을 명확하게 만들거나 그것에 대한 해석을 시도하는 모든 사람이 연습할 수 있는 것이어야 한다. 말하는 사람, 행동하는 사람, 말하고 행동

117

할 수 있기 위해 노력하는 사람은 스스로 그렇게 여기지 않더라도 이미 문헌학을 실천하고 있는 것이다. 왜냐하면 언어의 영역에서 자명한 것은 전혀 없으며, 언제나 너무 많은 것이 해명과 주해와 보충을 필요로 하기 때문이다. 특수한 것뿐 아니라 보편적인 것에 대해서도 문헌학은 덧붙여져야 할 무언가를 찾아낸다. 문헌학은 무엇보다 자신 이외의 것이며, 확장하는 자, 보충하는 자, 첨언하는 자인 까닭에 말해진 그 무엇도, 일어난 그 어떤 것도 문헌학에게는 충분하지 않다. 문헌학은 진술 혹은 텍스트로 존재하는 모든 것을 넘어가며 또한 그 뒤로 되돌아온다. 유래由來와 미래未來를 왕복하는 자신의 운동 속에서 그 모든 것을 보여주기 위해. 그러니까 문헌학은 넘어가기의 제스처인 셈이다. 이 제스처는 결코 잉여적인 것일 수 없는데, 왜냐하면 그것은 말하기Sprechen 자체의 운동이기 때문이다. 말하기는 이미 말해진 모든 것과 아직 더 말해져야 할 모든 것을 뛰어넘는다. 가장 보편적인 것조차 문헌학에게는 문제일 수밖에 없으므로, 문헌학은 명실상부한 초-보편자다. 즉 문헌학은 언어에 대한 요구인 동시에 일찍이 언어에 의해 파악된 모든 것과 앞으로 언어가 건드릴 수 있는 모든 것에 대한 요구인 것이다. 이 요구는 모든 총체성으로부터 물러나는 것이며, 타자를 위해, 그러나 〔그와는〕 다른 것을 말하면서, 이미 도달했거나 도달 가능한 모든 것에 대한 비판을 실행하는 것이다. 개념들—〔가령〕 "보편적인 것" "특수한 것" "특별한 것" 혹은 "고유한 것" 따위—에 대한 합의 역시 〔모종의〕해명에 의존하는 것이기에 문헌학 자체는 어떤 개념 안에도 머무를 수 없다. 하지만 문헌학 없이 제구실을 할 수 있는 개념은 없다.

문헌학은 언어를, 모든 주어진 언어를 넘어서는 말하기의 불안정한 운동이다. 문헌학은 아무런 지식도 보장하지 않는다. 대신 항상 새롭게 변위變位를 실행한다. 문헌학은 아무런 의식도 허용하지 않는다. 대신 의식을 다양하게 적용할 여러 가지 가능성을 허용할 따름이다. 문헌학이 모종의 인식의 기술로서 입지를 굳건히 다질 수 있는 것은 그보다 먼저 언어와 정서적 관계—필리아philía, 즉 우정 혹은 친교親交—를 맺은 덕분이다. 그 언어는 어떤 확실한 윤곽을 미처 갖추지 못한 언어, 안정적인 형식을 취하지 못한 언어, 기존의 고정된 의미를 위해 쓰이는 도구가 되지 못한 언어다. 더듬어 찾고 살피는 운동으로서 문헌학은 안정된 사태에 관한 진술의 중개자Agent가 아니라 무엇보다 질문을 위한 동력원Movens이다. 언어적인 '사실들'이 존재한다는 것은 문헌학에게 확정된 사실일 수 없고, 마찬가지로 진술과 전달이 제 의도를 달성하거나 수신자에게 도달한다는 것 역시 확실한 사실로 간주될 수 없다. 문헌학은 다음의 최소 가정에서 출발한다. 의미 함축성Bedeutsamkeit과 전달 가능성Mitteilbarkeit, 이 두 가지는 어떤 하나의 심급Instanz, 즉 모든 규정된 의미에 앞서vor, 그리

119

고 의미를 위해für 수행되는 모든 전달에 앞서 자신들을 저지汨止하는 어떤 심급에 의지하고 있다는 것. 문헌학은 이 저지의 변호인이다. 바로 이 저지를 통하여durch, 그리고 그것을 위하여 비로소 언어는 존재할 수 있는 것이다. 따라서 문헌학은 통용되는 문헌학적 규정들에 저항해야 하고, 미래의 문헌학적 실천에 대한 모든 계획으로부터 자신을 지켜야 한다.—문헌학은 질문한다. 설령 문헌학이 어떤 주장을 내세운다 해도, 그것은 [오로지] 계속 질문하기 위함이다. 문헌학은 구조적으로 아이러니한 방법이다. 이것은 개별 발화들—문헌학적인 것까지 포함해서—뿐 아니라 언어 세계 전체, 아니 모든 언어를 포괄한다고 참칭하는vorgeblich 세계마저 무효화한다. 그 세계 앞에 보다 넓은, 아직 존재하지 않는 세계를 열어놓기 위하여. 오직 이 때문에 문헌학은 다른 언어 복합체와 유동적인 관계를 견지한다. 특히 이른바 엄밀한 학문이라 불리는 것에 대해서는 더욱 그러하다. 이것은 원칙상 원칙 없는 태도, 무-정부주의적[비-근원적]an-archisch 태도다. 오직 이 때문에 문헌학은 모든 "역사적-문헌학적 분과학문" 분야에서 트릭스터Trickster 혹은 조커로 활동하는 것이다. 오직 이 때문에 문헌학이 맺는 관계의 기묘한 능력과 독특한 무기력은 시Dichtung에 대한 애착에서 가장 선명하게 드러난다. 시는 제1문헌학이다. 스스로 이 사실에 대해 알고 있든 그렇지 않든 모든 문헌학은 시의 세계-개방성Welten-Offenheit에서,

이 세계와 더불어 가능하고 불가능한 다른 모든 세계들에 대한 시의 개방성에서, 또 시가 〔그 세계들로부터〕취하는 거리와 〔그것들에 대해 기울이는〕주의력에서, 시가 가진 감성 Empfindlichkeit 및 감수성Empfänglichkeit에서 자신의 척도를 획득한다. 문헌학은 "위하여Für"를 위하여 말한다. 이것은 찬성 pro과 반대contra를 위한 공간을 마련한다. 찬성과 반대의 두항보다 더 멀리 나아가는 문헌학은 양자를 의문에 부칠 수 있는 운동이며, 자기 자신뿐 아니라 자신의 질문에 대해서까지 다시 물을 수 있는 운동이다.

만약 누군가가 어떤 사건Sache에 대해 알지 못하지만 그래도 무슨 일인지 알고 싶고 그래서 들여다봐야 할 것 같은 느낌에 사로잡힌다면, 그는 스스로—혹은 다른 사람—에게 이렇게 물을 것이다. '이것은 무엇[무슨 일]인가?' 애매할 수도 분명할 수도 있는 이 질문은 그 일이 애초에 존재해야만, 그것도 유난히 두드러지지만 동시에 낯설고 접근하기 어려운 형태로 존재할 경우에만 제기될 수 있다. 이처럼 기묘한 사태, 다시 말해 두드러짐과 가탈스러움에 의해 분리된 채로도 계속 고집스레 존재하는 사태에 상응하는 질문의 형식은 다음과 같다. '도대체 이것은 무엇인가was das denn sei?' 이 질문은 이 무언가—[독일어로] 디스dies, [라틴어로] 쿠이드quid 혹은 [그리스어로] 티ti—를 향해 나아가지만, 목표에 도달하거나 문제의 대상das Erfragte을 파악하는 데까지 이르지는 못한다. 질문을 도발한 사태 자체가 두드러지는 동시에 가탈스러운 것이듯, 이 도발에 이끌리는 모든 질문 역시 두드러지는, 많은 경우 아주 부적절한 방식의 접근법이며, 그럼에도 불구하고 자신이 지향하는 대상 앞에서는 머뭇거리는 접근법이다. 만약 이 질문이 추적하는 사건이 단순히 어떤 사물적인 것이 아니라, 모종의 언어적 창조물Gebilde—가령 하나의 문장—이나 언어로 세워진 어떤 제도—약속, 법, 복잡한 전달-관계Mitteilungs-Verhältnis, 사회 혹은 '문화'—라면, 이 질문의 내적인 고립 상태는 전혀 달라지지 않을 것이다. 그것이 이를테면 문헌학이나 철학 따위의 제도, 즉 자체적으로 언어—및 질문 자체—에 대한 분석에 몰두하는 제도에 관한 것일지라도 그 질문의 이중 운동과 관련해서는 달라질 것이 전혀 없다. 이모든 경우에 질문과 사안은 모종의 균형 잡힌 대면face-à-face 상태에 머무르는데, 그 덕분에 질문과 사안 양자 간의 상호 관계Wechselbeziehung 및 거리Distanz가 보장된다.

질문과 질문하기 자체가 의문에 부쳐질 경우 절박성의 평형 상태와 거리는 무너져버린다. 하지만 가령 너무 집요하거나 노골적인 문제와 맞닥뜨릴 경우 질문하는 자는 그것을 회피할 수 있고 [나아가] 아예 질문하는 자가 되기를 포기할 수도 있다. 추측으로만 알 수 있고 믿을 수 있는 상태에 만족한 채로 말이다. 그러나 그의 질문 자체가 갑자기 그를 덮치고 이로 인해 생긴 소용돌이가 그의 질문에 외적인 모든 소재, 그것을 성립시킨 모든 자료, 심지어는 질문하는 자신마저 모조리 휩쓸어버릴 경우, 그런 회피는 더 이상 통하지 않는다. 어떤 느낌, 단어, 제도 혹은 어떤 담론의 도식이 낯설지만 동시에 두드러지는 것일 경우 그로 인해 경악과 충격이 생길 수 있는데, 이 감정은 문의問議 행위Befragung를 통해 완화되거나 제거될 수 있다. 그것이 수수께끼 같은 그 현상에 대한 목표 지향적 탐구—[영어로는] 쿼어리query, 퀘스트quest, [라틴어로는] 인쿼지티오inquisitio, [독일어로는] 운터주흥 Untersuchung—의 형태를 취함으로써 일종의 안전장치가 되

는 한에서. 즉 추구 자체가 추구되지 않고 질문 자체가 질문
되지 않는 곳에서 행해지는 문의는 적어도 안정성의 느낌 정
도는 줄 수 있다는 말이다. 이곳에서 추구는 확실한 형식이
되고, 질문은 확립된 길, 즉 방법과 절차가 된다. 이것은 누
구 혹은 무엇인가, 라는 질문, 그 무언가의 구조 혹은 본질에
대한 질문은, 설령 그것이 어떤 불안에 의해 생겨난 것이라
고 해도, 그와 동시에 항시 어떤 보호의 제스처Schutzgestus이
기도 한데, 이 제스처 안에서 질문의 형식은 스스로를 방어
한다. 그러나 만약 한낱 어떤 현상이 아니라 그것으로 접근
해가는 방식, 즉 질문에 의해 제어되는 접근 방식 자체가 문
제시된다면, 그 경우에는 비단 "누구" 혹은 "무엇"에 대한 질
문만이 아니라 모든 질문이 가능해진다. 근거와 목적에 대한
질문, 의의, 의미, 형식에 대한 질문, 그리고 "왜" "무엇 때문
에" "어떻게" 따위의 모든 질문, 그러니까 질문 안에 들어 있
는 질문의 형식 자체에 대한 질문까지 가능해지는 것이다. 그
렇게 되면 경악과 충격이 제공하는 확실성의 최소치마저 흔
들려버린다. 질문하기에 의해 초래된 이 파국—이것은 또한
질문하기에 내재된 말하기의 파국이자 언어 전체의 파국이
다—안에서 관건은 더 이상 외부적인 사건이 아니다. 관건은
질문하기의 형식 자체다. 낯선 동시에 두드러지는 형식. 따
라서 이 형식은 스스로에 대한 질문을 도발한다. 그런데 질
문하기의 이러한 자기-도발Selbst-Provokation에는 그것의 자

기-억제Selbst-Hemmung가 상응한다. 왜냐하면 두드러지기에 회피할 수 없는 것인 만큼 그 형식은 낯선 것이기도 하기에 자신으로부터 소외된 채로 남을 터이기 때문이다. 질문에 대한 질문, 자기-도발의 특이한 구조, 즉 낯선 자아 또는 낯설게 된 자아를 통해 이뤄지는 도발, 그리고 그것에 상응하는 자기-억제 혹은 자기-보호Selbst-Verwahrung, 즉 다른 자아 혹은 달라진verandertes 자아로부터의 보호, 이로부터 분명해지는 것은 질문이란 "그 자체로" 분열되고 중복된 것이며 제 안에서 스스로를 적대시하는 복합체Komplex라는 사실이다. 질문에 대한 질문이 생겨남으로써 질문 자체는 접근하기 어려운 것이 된다.

   "질문이란 무엇인가?"라고 묻는 사람은 자신이 무언가를, 그러니까 "질문하기"라 불리는 무언가를 하고 있거나 아니면 그 일이 일어나게 만들고 있다는 사실daß에 대해서는 좀처럼 의심할 수 없다. 그러나 아마도 그는 그렇게 질문함으로써 자신이 했거나 혹은 일어나도록 허용한 그 일이 도대체 무엇was인지에 대해서는 명확히 알지 못할 것이다. 그가 질문하는 〔바로 그〕 무언가 안에서 〔질문하기라는〕 그의 행위가 이뤄졌다는 사실Daß이 하나의 대상으로 확정되고 있는데도 말이다. 이 질문은 아직 알려지지 않은 사건을 향해 가는 운동이지만, 그 사건은 어언간jetzt 그 질문 자체 안에 자리하고 있다. 그리고 무릇 타자Anderem를 향해 가는 운동은 바로 이러

126

한 운동으로서 스스로를 향해 가는 것이다. 그리고 이 질문은 그 운동을 실행하지만, 바로 그렇기 때문에 그것을 제 인식의 대상으로 만들 수 없음이 드러난다. 이 질문은 이미 질문으로 존재하고 있으면서 〔바로〕 그 존재was에 대해 질문하고 있는 셈이다. 그러나 질문으로서의 제 존재에 대해 굳이 문의한다는 바로 그 사실daß을 통해 동시에 다음의 사실이 증명된다. 그것이 존재한다는 〔바로 그〕 사실 안에서 이 질문은 인식에 의해 파악 가능한 무언가Was의 모든 정지 행위Stillstellung를 도무지 따라잡을 수 없을 정도로 앞서가며, 또한 모든 대상화 행위 일체를 넘어선다. 그러니까 질문에 대한nach 질문이 가진 독특성은, 질문이란 그 자체로 모든 지금과 여기를 앞지르고voraus 있으며 그런 식으로 분열되어 자신을 잃고 자신과 일치되지 못하며 자신의―상응 이론에 따라 사유된―진리를 항상 넘어설 뿐 아니라 또한 그 뒤로 되돌아오며 도무지 대답이나 응답 혹은 상응점을 찾을 수 없는 한갓된 추구이자 충족될 수 없는 집착이지만, 바로 이 추구-집착 속에서만 그것은 자기 자신으로서 존재할 수 있다는 점이다. 질문에 대한 질문하기가 〔있을 수〕 있다는 단적인 사실 안에서 질문에 대한 질문은 타자로서의 자기 자신 곁에서 스스로를 앞서간다. 따라서 질문이 무엇인가, 라는 질문은 자기 자신을 파악할 수 있는 가능성이나 능력 혹은 권능 일체를 넘어서 있다는 점에서, 그리고 그 자체로 순전한 자기-초탈Selbst-Exzendenz이라

127

는 점에서, 하나의 불-가능한 질문이다. 이 질문이 존립하는 것은, 그것이 비교 가능한 타자를 초월하기 때문이라기보다 자기 밖으로 나오고 또 자신을 넘어서 파악 불가능한 타자— 그런데 이것은 파악 불가능하다는 점에서 아마도 비-타자일 것이다—로서의 자기 자신으로 이행하며 또한 이 이행 속에 머무르기 때문이다. 이러한 초탈—질문하기—의 사건은 어떤 실체로도 환원될 수 없다. 그것이 질문 대상의 실체든 질문하는 자의 실체든, 아니면 질문 형식 자체의 실체든 말이다. 왜냐하면 그러한 실체는 오직 자신으로부터의 초탈 속에, 그러니까 오직 자신의 예상 불가능한 타자화Veranderung 속에만 있을 수 있기 때문이다. 질문에 대한 질문하기는, 무릇 모든 질문하기가 그러하듯, 절박한 것이다. 그러나 여타의 질문하기와 달리 그것의 절박성은 대상이 없으며 또 결코 충분히 주제화될 수 없는 것이어서, 그것에 상응하는 "무언가Was" 혹은 어떤 본질 안에서 자신의 〔주장에 대한〕 각하却下 처분을 무효화한다. 질문하기는 어떤 유한한finite 형식—그러니까 형식 일반—을 갖지 않으며, 어떤 형식도 질문을 통해서가 아니면 폐기될 수 없다. 그렇기에 질문하기〔의 행위〕 안에서 일어나는 일was은 단언 내지 명령Imperativ 따위의 훨씬 소박한 형식 안에서도 진행될 수 있다. 여기서 분명해지는 사실은, 그냥 질문하기das bloße Fragen〔라는 행위〕는 제기될gestellt 수 있는 모든 질문을 어김없이 초과한다는 점, 즉 〔모든〕 목

직론을 초과하는hyperteleologisch 것, 한계 지을 수 없는 것, 무한한 것이라는 점이다. 그리고 그것은 오직 자기 안에서만 대답을 찾을 수 있을 것이다. 만약 모든 말 앞에서 스스로를 감추는 것 역시 하나의 대답일 수 있다면 말이다.

질문하기는 오직 언어—제스처의 언어든, 태도의 언어든, 아니면 사회 조직의 언어든—안에만 존재하기 때문에 질문에 대한 질문은 어디로 어떻게 움직이든 관계없이 오롯이 언어에 대한 질문이다. 게다가 이 질문은 결코 우발적인 것이 아니고 오히려 언어적 관계, 언어에 침윤된 모든 관계 양상에 치명적인virulent 것이며, 또한 그 관계를 정점으로 치닫게 하면서도 아무 결론은 내지 않는 질문이기 때문에, 더욱이 그것은 '논리적'인 질문이 아니라 다만 논리〔로고스〕의 구조를 연구할 뿐인 질문, 말하자면 논리에 구애하는 동시에 그것을 압박하는 질문이기 때문에, 이 질문은 **완벽한**par excellence 문헌학적〔헌-논리적〕*philo-logisch* 질문이라 할 수 있다. 그렇다면 이 질문은 "문헌학적 질문은 무엇인가?"라는 질문과는 어떤 관계일까? 질문에 대한 질문이 기초-문헌학적인 질문, 아니 더 정확히 말해서 비非토대주의적affundamental-문헌학적 질문이라면, '문헌학적'인 것으로 분류되는 특정 유형의 질문에 대한 질문은 한편으로 질문에 대한 질문에 가해지는 제한으로 이해될 수 있지만, 다른 한편으로는 그것이 가진 질문으로서의 의미를 탈각시키는 것으로 이해될 수도 있다. 다시 말해

129

이 질문을 통해서 이미 규정되어 있지만 앞으로 계속해서 더 자세히 규정되어야 할 분과학문적-기술적 문제가 〔새삼스럽게〕 의제로 등장하는 것이다. 이 문제를 다루는 데 필요한 역사적 매개 변수Parameter는 이미 확정되어 있다. 또한 이 문제는 오직 학문의 경계를 벗어나지 않으면서 통용되는 절차를 순순히 따르는 대답만을 허용한다. 그러나 문헌학적 질문에 대한 질문은 또 다른 의미로 이해될 수도 있다. 다시 말해 그것은 문헌학 자체가 자신의 질문하기〔라는 행위〕를 통해, 그러니까 특정 대상 영역 내지는 세계관 및 문화적 규약에 따른 선입견Vorannahme, 신념, 믿음 따위의 내용을 통해서가 아니라, 〔오로지〕 질문하기〔라는 행위〕를 통해서만 규정된다는 사실을 함축한다. 더 나아가 이 질문은, 엄밀한 의미에서 문헌학은 무엇인가를 탐구하는 영역으로 통하는 길이란, 문헌학적 질문에 대한 질문을 통과해야만 비로소 열릴 수 있다는 사실을 함축한다. 따라서 그러한 질문은 여타의 분과학문, 인식의 기술 혹은 경험의 방식 들이 강제하는 억견doxai으로부터 문헌학을 자유롭게 해줄 수 있다. 또한 그것은, 적어도 원리상으로는, 〔어느덧〕 미심스러운 것이 되어버린 여러 전통과도 결별하게 해준다. 역사의 흐름 속에서—대개 법적이고 종교적인 혹은 반反종교적인 신념들의 후견을 받아—자신의 경계를 확정해온 전통들 말이다. 그러므로 문헌학적 질문이란 무엇인가, 라는 이 질문은 우선 제도적으로 굳건히 확립

130

된 분과학문의 윤곽—만약 문헌학이 어떤 의미에서든 확립된 것이라면, 이런 질문은 애당초 제기될 수도 없었을 것이다—에 대한 질문이 아니다. 또한 이 질문은 이윤을 창출한다고 자부하는 다른 분과학문에 대항해서 치열하게 방어전을 벌여 자원Resourcen을 지켜냄으로써 이 [문헌학이라는] 분과학문을 안착시킬 기회를 잡으려는 것도 아니다. 만약 그렇다면, 그것은 무너져가는 질서에 의지해 바로 그 질서를 보존하려는 뮌히하우젠식Münchhausiade의 질문으로 귀착되고 말 것이다. 하지만 이 질서—이는 또한 도대체 문헌학적 질문이란 무엇인가, 라는 우리의 질문에 담긴 함축이기도 한데—는 아마도 전혀 '보존'될 수 없는 것, 아마도 보존될 만한 '가치'가 없는 것, 다시 한번 아마도, 제 존재를 정당화할 만한 그 어떤 '의미'도 갖지 못한 것일지도 모른다. 문헌학의 역사에 존재했던 그러한 의미, 가치, 그리고 정상적인 판단의 심급—우리는 이 의구심의 거미줄을 계속 더 자아낼 수 있을 텐데—들은 [모두] 사회적으로 촉망받는 이웃 분과학문으로부터 차용한 것이다. 그리고 그것들의 가치와 중요성은 단지 예외적으로만 문헌학으로부터 비판적인 검증을 받았다. **신학과 법학의 하녀**ancilla theologiae et iurisprudentiae였던 문헌학은 [다시] 역사학, 사회학, 심리학, 문화인류학 혹은 기술사技術史를 돕는 조수가 되어, 이들의 주안점과 시각과 방법론적 규약에 자신을 억지로 끼워 맞춰왔다. 물론 이 상황이 문헌학에 항상

131

손해를 끼친 것은 아니다. 그렇지만 그것이 문헌학의 비판 능력에 도움이 된 경우는 극히 드물다.

문헌학의 **자발적 봉사**servitude volontaire는 결코 과거의 일이 아니다. 문헌학의 미성숙은 물론 문헌학 자체의 잘못은 아니지만 어쨌든 그 특성이 되어버렸는데, 과거에도 그랬지만 지금도 그게 문헌학에게 약점이 되는 것은 아니다. 왜냐하면 문헌학은 언어에게 위탁된 형식이기 때문이다. 언어, 특히 타자의 언어, 〔그러니까〕 말해졌거나 〔글로〕 쓰인 표현들, 휘발됐거나 보관된 타자의 표현들, 확실한 출처를 가졌든 그렇지 않든 관계없이, 그 나름으로 다른 텍스트에 〔이미〕 위탁되어 있는 타자의 텍스트에 〔거듭〕 위탁되는 형식인 것이다. 타자에게 위탁되는 탓에 문헌학은 쉽사리 타자에 대한 지시Hinweisung와 매개로 이해되지만, 동시에 그런 만큼 그 타자 안에서, 즉 그것이 다가가려 하거나 〔반대로〕 그것에게 달려드는 타자의 표현, 진술, 텍스트 안에서 해독되거나 암호화될 수 있는 어떤 의미의 중개인Ermittlerin으로 오해받기도 쉽다. 이 시나리오 안에서 문헌학은 말의 애인이자 친구로서가 아니라, 더 큰 권능을 갖고 영도領導하는 독재자인 의미〔의 목소리〕를 복창復唱하는 말로서만 등장할 따름이며, 마치 철없는 아이가 지혜로운 어른을 대하듯 그렇게 의미를 대하게 된다. 이 경우 문헌학의 말은 미숙한 아이가 되어 성숙한 의미의 품 안에서 자신의 정체성Bestimmung을 찾아야만 한다. 하

132

시만 의미의 품에 안긴 아이는 어느새 죽어 있다. 아이는 죽었다. 왜냐하면 그의 언어가 한낱 의미의 파생어에 지나지 않게 되었으며, 〔그리하여〕 의미가 〔통념에 따라〕 파악되고 제도적으로 확립되자마자 곧장 제거될 것이기 때문이다. 의미 안에 있는 말의 죽음. 마치 옹알이하는 아기infans라도 된 양 스스로 의미라는 전능자全能者의 모태로 들어감으로써 문헌학은 그 죽음을 줄곧 방조했다. 어머니-텍스트Matertext 안에서의 문헌학의 죽음은 근원적이고 자족적인suisuffizient 의미가 존재한다고 믿는 의미주의Semantizismus의 망상Phantasma이 초래한—너무도 현실적인—결과다. 그러나 의미는 자연발생적naturwüchsig이거나 초월적인 데이터로 존재하지 않는다. 그것은 언어 구조들의 놀이Spiel에 의해 비로소 생겨난다. 〔그리고〕 이 구조들은 자신들이 지향/지시하는 〔바로〕 그것에 대해 상대적인 독립성을 지닌 채 작동한다. 이 점을 십분 인정하는 사람이라 해도 어쩌면 이렇게 주장할 수 있을 것이다. '그렇다고 해도 역사 속에서 〔거듭〕 교체되어왔고 〔따라서〕 어느 정도 규제적인 〔역할을 할 수 있는〕 의미의 규준들은 존재하는 것이 아닐까?' 또한 같은 맥락에서 그는 언어와 더불어 문헌학이란 항시 어떤 규범적인 심급이 지정한 기준에 따라 작업을 수행하는 것이며 그 작업이 완료되는 순간 해산되는 것임을 설득력 있게 보여줄 수도 있을 것이다. 하지만 그렇다면 그는 〔의미의 규준이라 불리는〕 저 유사-초월자

133

들Quasi-Transzendentalien이 대관절 어떤 내재적 긴장 및 변칙에 의해 모든 역사적 변화의 밑동을 쥐기 시작했는지를 설명할 수 있어야 한다. 그러니까 적어도 그는 언어적 실천이란 그것의 의미 안에서 개시되는 것이 아니라는 사실, 그리고 언어의 경험이란 의사소통 규준에 얼마나 충실했는지를 묻는 방식으로는 결코 완전히 규정될 수 없다는 사실은 인정해야 하는 것이다. 역사적 의미를 관장하는 체제Regime로부터 빠져나가는 것이 설령 단 한 가지 언어 요소—예컨대 질문—뿐이라고 해도, 이 사실만으로도 그것이 언어에 대해 가졌던 후견권Vormundschaft은 효력을 잃는다. 존재한다고 짐작될 따름이었던 메타-언어Metasprachen와 어머니-언어Matersprachen가 붕괴되는 순간 법das Recht도 소실되며, 그와 더불어 문헌학을 여타 분과학문의 규범, 관점, 방법에 맞춰 설계하거나 이들을 문헌학의 본보기로 삼을 수 있는 가능성 역시 소진되고 만다. 〔항상〕 타자의 언어를 참조할 수밖에 없다는 점이야말로 문헌학적 경험을 특징짓는 것인데, 이것은 기존의 확립된 의미 지평에 들어가야만 충족되는 의존 및 융합의 욕구와는 〔전혀〕 다른 의미를 가질 수밖에 없다. 의미 지평 및 지평 융합으로의 진입은 언어의 시작이 아니라 언어의 죽음이다. 그때 아이가 꿈꿀 수 있는 것은 아빠나 엄마의 품속에서 맞는 죽음밖에 없다. 그런데 그렇게 죽을 수 있기 위해서는 일단 아이가 있어야 하고, 또 그를 탄생시킨 필리아philía 혹은 에로스eros가 이미 있어야 한다. 이 아이는 부모와 후견인이 억지로 이어놓은 죽은 언어와는 다른, 그 이상의 존재여야 한다. 그는 새로운 존재Novum, 다른 시작, 타자의 시작이 되어야 한다. 모든 말이 그래야 하고, 또한 모든 말의 변호사인 문헌학 역시 그래야 한다. 타자를 위해 말할 수 있으려면 먼저 스스로 말할 수 있어야 하는 것이다.

　문헌학은 무엇인가를 규정하기가 어려운 이유 중 하나는 문헌학의 특수한 질문 방식 자체에 대한 질문을 통해 분명히 드러난다. 이 어려움―〔라틴어로는〕 디피쿨타스difficultas인데, 이 단어는 곤란, 장애, 나아가 불가능을 뜻한다―은, 그 질문이 항상 새로운 모습으로 출현한다는 점 그리고 맥락에 대한 고려 없이, 다시 말해 그것의 실제 대상 및 가능 대상이 가진 특수성과 독특성에 대한 고려 없이는 대답될 수 없으며, 따라서 결코 간명하게 대답될 수 없다는 점에서 드러난다. 아무리 절박한 것이라 해도 무릇 모든 질문은 모든 가능성을, 그러니까 심지어 대답될 수 없다는 가능성까지 열어놓는 방식으로만 대답될 수 있다. 만약 곧바로 대답될 수 없고 아마 이후에도 결코 대답될 수 없으리라는 점이 질문의 구조에 속하지 않는다면, 그것은 질문이 아니라 그저 기존의 방식대로 처리 가능한 지식을 뽑아내는 발견술적heuristisch 도구에 지나지 않게 된다. 그것은 아마도 시험 문제Examensfrage일 수는 있겠지만, 그 자체로 시험될 수 있는 질문은 아닐 것이다. 문헌학에 대한 질문, 그리고 이와 함께 문헌학이 말에 대해 갖는 관계에 대한 질문은 그 자체로 이미 **빠져 있는**ausstehenden 말, 그리고 **빠져 있기** 때문에 아마도 불가능할 대답과 맺는 관계라는 사실, 이 사실은 다른 어떤 대답보다 사태와 질문에 더 적합하고 따라서 더 풍부한 내용의 대답을 시사한다. 문헌학이 '너는 대체 무슨 일을 하느냐'는 질문에 대답할 때 느끼는 당혹감Verlegenheit은 자신의 정체성에 대한 구원적 규정을 기대하는 여느 분과학문이 으레 한 번씩 앓고 지나가는 홍역 같은 것이 아니다. 자신이 무슨 일을 하는지 모르고, 또 결코 알 수 없기에 느끼는 당혹감, 바로 이것이 문헌학이다ist. 문헌학에 대한 질문에 어떤 잠정적인 대답으로 대충 넘기는 대신 대관절 그와 같은 질문이 누구에 의해, 무슨 권리로, 어떤 기관의 요청으로 제기되는 것인지 되물어본다면, 위의 진술은 한층 더 선명해진다. 그러니까 이렇게 물어본다면 말이다. '문헌학 혹은 문헌학자—그가 정녕 문헌학자로서 말하는 거라면—는 그와 같은 질문을 제기할 수 있을까?'

문헌학적 질문이란 무엇인가를 묻는 사람은 그와 함께 어떤 질문 및 그 대상이 가진 문헌학적 성격이란 무엇인지를 묻는 셈이며, 또한 문헌학을 문헌학으로 만들어주는 것은 무엇인지를 묻는 동시에 자신은 그것이 무엇인지 알지 못한다고, 그러니까 전승되고 확립되어온 〔기존의〕 지식을 불신할 이유를 모르겠다고 고백하는 셈이다. 다시 말해 그는 제 활

136

농의 근간과 원리에 대해 해명할 준비가 충분히 되어 있는 학자Wissenschaftler로서가 아니라, 연구하는 자Forscher, 사유하는 자Denker 혹은 분석하는 자Analytiker로서 질문을 제기하는 것이다. 그는 〔문헌학적〕 실천의 토대와 그것을 규정하는 형식이 무엇인지 규명하려 한다. 개념에 기초한 규범적 지식을 전혀 제공하지 않는 그 실천이 무슨 일을 도모하고, 무엇을 추적하는지, 또 그것이 무엇에 주목하며 어떤 질문에 의해 추동되는지를 말이다. 따라서 문헌학에 대한 질문 및 문헌학적 질문에 대한 질문은 결코 학문적인 질문이 아니다. 하지만 문헌학은 과연 학문인가, 라고 묻는 질문으로 이해될 수는 있다. 만약 그렇게 이해한다면, 그것은 질문으로서 이미 자체 내에 대답을 포함하고 있는 셈이다. 문헌학은 학문이 아니라는 대답을 말이다. 만약 학문으로서의 문헌학에 어떤 표준이 있다면, 그 표준에 대한nach 질문은 그것에zu 속해서는 안 될 것이다. 왜냐하면 질문하기란 알지-못함 혹은 아직-알지-못함을 뜻하기 때문이며, 질문하기에 대한 질문하기에 있어서는 지식뿐만 아니라 심지어 지식의 문을 여는 방법론까지 의심에 처하기 때문이다. 따라서 질문에 열려 있다〔의문의 여지가 있다〕Fraglichkeit는 점에서 이미 문헌학은 학문이 아니며, 지식을 획득하게 해주는 잘 정비된 이론적 규율Disziplin도 아니다. 따라서 문헌학에 대한 질문은 기껏해야 예비학적 권리, 즉 초보-문헌학적 탐색을 할 수 있는 권리 정도를 요청할 수 있을 뿐이다. 그것은 학문으로서 문헌학의 질문이 아니라—이렇게 말해도 된다면sit venia verbo—헌獻-문헌학Philo-Philologie의 질문이다. 헌-문헌학은 문헌학의 변두리, 앞마당 혹은 문턱에 머무를 뿐 내부로 들어가지 않으며 내부 법칙을 알지도 못한다. 따라서 그것은 결코 분과학문적-기술적 질문이 아니며, 언어 및 개별 언어적 혹은 유사-언어적 현상을 다루는 학문의 안전을 보장하는 방법론적 도구에도 속하지 않는다. 그렇다고 헌-문헌학의 질문 혹은 이 질문을 제기하는 자가 문헌학에 대해 무관심한 태도를 취해야 한다는 말은 아니다. 오히려 그 반대다. 문헌학의 앞과 밖에서 움직이는 사람은 그 안에 머무르면서 이른바 문헌학적인 것으로 통용되는 특정 경로만을 따르도록 갇혀 있는 사람보다 더 예리하게 문헌학의 〔전체〕 윤곽을 파악할 수 있다. "문헌학"이라 불리는 실천에 대해 헌-문헌학적으로 묻는 것은 비단 문헌학에 대한 시야를 날카롭게 벼려줄 뿐 아니라, 심지어 문헌학에게도—이 말을 그대로 이해한다면—양도할 수 없는 경험을 새겨준다. 이것은 사랑philía, 흠모Neigung, 감격Emotion의 경험이다. 문헌학에 대한 헌-문헌학적 관계 속에서 강화되고 또 문헌학을 향한 운동으로서 문헌학 자체의 운동을 개시하는 경험. 따라서 문헌학에 대한 질문은 문헌학이 결코 인식 우위의 실천일 수 없으며 이론적 관심을 우선순위에 두는 것일 수도 없음을 증명하는 것이다. 동시에 사랑philía의 질문으로서 그

138

것은 문헌학이 모종의 정서적 태도로 구조화되어 있음을 입증한다. 즉 문헌학은 언어에 대한 흠모, 모든 언어-친화적 현상 및 그 결락缺落에 대한 흠모, 언어에 대한 지향 및 접근으로 구조화되어 있다. 이것은 지식으로 알 수 있는 영역에서는 어떤 발판도 찾지 못한다. 그러니까 그것은 한 언어에서 다른 언어로, 다시 언어의 타자로 부단히 넘어가는—이 과정은 무한할 것인데—운동이다. 문헌학은 지식을 취하고 정서를 높인다.

문헌학〔헌논리〕*Philologie*은 병리학〔통痛논리〕*Pathologie*이다. 문헌학의 **파토스**pathos, 읽기legein의 파토스는 이중의 운동을 통해 나아간다는 사실, 즉 그것은 언제나 가까워짐과 동시에 멀어짐의 경험이며, 지향의 경험, 그것도 늘 외면당한 존재를 지향하는 경험이라는 사실이 유독 분명히 드러날 때가 있다. 그것은 문헌학이 자신의 대상뿐 아니라 그것으로의 정제된 접근〔법〕과 관련해서도 도무지 손쓸 도리가 없음을 자인自認하게 되는 순간이다. 그러니까 회피할 수도 대답할 수도 없는 헌-문헌학적 질문이 제기되는 바로 그 순간 말이다. 문헌학은 탈-격脫-隔, Ent-Fernung의 **파토스**다. 언어적 표현이 가리키는 것—가령 의미, 형식, 의의—에 접근해 갈 때면 어김없이 문헌학은 이들로부터 다시금 다른 것〔타자〕—가령 복합 형식, 시대의 기호, 이념—을 향해 가라는 지시를 받게 되는데, 이 다른 것들은 또 그들 나름의 언어로 구성되면

139

서 지시의 행렬을 계속 이어간다. 문헌학이 자신의 본분Sache을 향해 가까이 다가갈수록 그것은 더더욱 멀리 물러난다. 문헌학의 관계는 철회撤回, Entzug와 맺는 관계다. 따라서 문헌학의 사랑philein은 결코 동류끼리 맺는 관계일 수 없다. 그것은 동시에 거리를 두고 의심하며 [심지어] 외면하는 관계가 되지 않으면 결코 일치나 상응이 될 수 없는 관계다. 문헌학을 실행하는 자가 보여주는 괴짜 같은 면모 때문이기도 하지만, 그와 더불어 언어 자체의 이중 운동 덕분에도, 문헌학은 심심치 않게 증오학Misologie과 아주 내밀한 교분을 나눈다. 증오학 역시 자신을 끌어당긴 것으로부터 스스로 멀어지려 하면서 내놓는 대답이다. 비단 문헌학의 구태의연한 궤도를 따르는 사람들뿐 아니라 모든 사람에게서 언어에 대한 혐오감이 생겨날 수 있는 것은 바로 이 때문이다. 문헌학적 이해와 그 적용을 [딱딱한] 규율로 만들고픈 가학적 욕구를 숨기고 있는 이 혐오감은 언제든 언어를 가소롭게 여기고 깔보며 하찮은 것인 양 홀대하는 태도로 바뀔 수 있다. 이렇게 해서, 그러니까 로고스logos와 로고스에 대한 사랑philía의 운동이었던 문헌학이 파토스의 실천이기를 그치고 모종의 인식론적 체계로 변질되는 첫걸음이 내디뎌진 셈이다. 즉, 로고스의 추구Suche에서 의식의 학문으로, 더 나아가 이른바 정밀과학의 실용성Praktiken에 의존하는 과정이 시작된 것이다. 언어집착Sprachsucht과 언어기피Sprachflucht는 상호 척력斥力적인

140

gegenstrebig 경향인데, 바로 이 두 개의 극 사이에서 문헌학은 운동한다. 그러나 문헌학은 또한 어느 한쪽을 배신하지 않으면서 공평하게 이 두 경향을 분절하고 분석할 수 있는 유일한 실천이다. 오직 문헌학만이 문헌학적 질문이란 무엇인가, 라는 질문을 제기할 수 있다. 왜냐하면 오직 문헌학만이 그 질문에 어떤 완결되고 구속력 있는 대답을 하지 않아도 되고 또 그런 대답 없이도 잘 견딜 수 있기 때문이다. 문헌학이 이 질문을 견뎌낼 수 없는nicht 경우는 오직 그것이 스스로를 어떤 지식의 규율로 오인할 때뿐이다. 즉, 문헌학이 자신의 영향 범위를 특정 대상 영역—이것은 가장 심하게 노출된 영역, 시와 문학일 수 있다—으로 국한시키거나 스스로를 문학에 대한 학문〔문학-학〕Literatur-Wissenschaft으로 규정할 때인 것이다. 무엇보다 심각한 경우는 문헌학이 〔실용〕이론과 실용 지식을 위해 봉사할 때인데, 이 지식은 문헌학적 질문을 회피할 수 있는 수단, 그것을 회유할 수 있는 책략, 〔그리고〕 그것의 밀고자密告者, Agent로 언어를 활용하려 한다.

　　문헌학을 추동하는 것은 문헌학에 대한 질문으로 추동된다. 즉 그것은 언어를 향한, 아니 언어 너머의 언어Sprache über die Sprache—대상으로서의 언어 및 언어를 대상으로 만드는 모든 방식을 넘어서는 언어—를 향한 요청이다. 이 요청 속에서 언어는 한편으로 주제화되고 대상화되며 규정되지만, 다른 한편으로는 결코 주제화될 수 없는 운동, 대상

141

과 수신자를 결여한 운동, 즉 타자화Veranderung의 운동으로서 전적으로 다른 언어, 더 나아가 아마도 언어가 아닌 타자로 풀려날 것이다. 이 때문에 질문에 대한 질문은 **완벽한**par excellence 문헌학적 질문이라는 가설과 그것은 현-문헌학적 질문, 즉 선先-문헌학적vor-philologisch 질문이라는 또 다른 가설 사이에는 아무런 모순도 발생하지 않는다. 무엇보다 문헌학은 언어에 대한 물음, 언어와의 관계에 대한 물음 외에 다른 것이 아니다. 〔그런데〕이 관계는 바로 언어에 대한 〔문헌학의〕 이 물음 속에서 작동한다. 문헌학은 자기와 구별되는 존재로서의 자기를 찾으려는 추구Suche다. 자기를 넘어서면서 자신과 다른 타자가 되는 문헌학은 오직 이 타자-존재 안에서만 스스로 언어를 입증하는 바로 그 관계로 존재한다. 자기를 넘어서고 또 자기 뒤로 물러서는 운동, 타자로서의 자신에 대해 생기는 이 긴장 속에서 **로고스**logos의 **필리아**philía는 경험이 된다. 이것은 열띤 경험—〔그리스어로〕 **파토스**pathos, 〔라틴어로〕 **파시오**passio—이다. 이것은 앞으로 될 수 있는 무엇으로는 결코 존재할 수 없고, 〔반면〕 항상 이미 존재하는 것 이상의 무엇이 되는 경험이다. 이것은 〔기존에〕 말했던 것을 〔전혀〕 다르게 말하려는 열정이며, 생각한 것을 항상 그것과 다르게 말해지도록 하려는 열정이다.

그러니까 문헌학은 무엇보다 언어에 내버려지는ausgesetzt 경험이며, 언어로부터 **도발당하는**provoziert 경험이다. 전달을 위해 표현하는 이가 아니라, 도대체 그것이 전달인가, 라는 질문을 제기하는 이가 벌써 대답한 것이다. 질문으로 그는 대답한다. 그리고 〔질문한〕 그는 〔사실상〕 대답하기 외에 다른 일을 한 것이 아니다. 그의 질문이 존재하는 무언가를 향한 것인지 아니면 아무것도 아닌 것〔無〕을 향한 것인지 여부는 알 수 없다고 해도 말이다. 〔요컨대〕 질문이 대답하는 셈이다. 그러면 우선 이런 의문이 남을 것이다. 즉, 그것은 아무런 제약도 받지 않은 채 기존의 행위 관습 안에서 의식적으로, 의도적으로 무언가를 지향하는 행위인가, 아니면 이른바 "화행 speech acts"이라 불리는 종류의 언어적 행위인가? 그도 아니면 구성된 주체의 통제를 받지도, 합의된 행위 규칙의 영역으로 들어가지도 않은 어떤 행동의 개시開始, Handlungseröffnung 에 그치는 것인가? 질문하는 사람은 자신의 질문으로써 〔이미〕 대답한 셈이다, 그에게 덤벼든angeht 요구에 대해서 말이다. 왜냐하면 그는 그 요구를 비껴가기entgeht 때문이다. 이것은 절박하게 혹은 위협적으로 질문하는 자의 주목을 요청한다. 왜냐하면 그것은 '저절로' 이해될 수 없기 때문이다. 질문으로 그는 대답한다, 그의 습관, 지식, 기대에 부합하지 않는 무언가, 〔도무지〕 알아들을 수 있는 목소리를 갖지 못한 무언가, 그의 세계 표상 및 언어-세계 표상의 지평을 돌파함으로써 그에게서 언어를 빼앗아가는 무언가에게. 질문하는 자— 그리고 말하는 자—는 대답한다. 하지만 그는 그에게서 말을

143

빼앗는 무언가에게 대답하는 것이다. 〔이처럼 단지〕대답하거나 그저 반응할 수 있을 뿐인 도발은 〔극히〕미심스런 구조를 갖는다. 즉 그것은 무언가—어떤 단어, 어떤 진술, 어떤 용법—를 요청하는데, 이 요청은 바로 이 단어, 이 진술, 이 용법을 기각하는 방식으로 이뤄진다. 만약 말하기, 그러니까 가장 극명한 〔형태의〕말하기인 질문하기가 〔그 자체로〕이미 대답이라면, 이것은 탈-격된ent-ferntes 말에 대한 대답, 그러니까 **도발**Provokation—도전, 매혹, 충격 혹은 그저 접촉—에 대한 대답이 된다. 그 자체로는 형태론적으로, 의미론적으로, 화용론적으로 근사하게 규정된 〔목〕소리vox의 성격을 갖지 못한 무언가를 통해서 말이다.

하나의 대답—이것은 어쩌면 하나의 질문일 수 있는데—이란 항상 **아무것도 아닌**kein 말에 대한 대답일 수밖에 없다. 그것은 어떤 관계 속의 단편Fragment이다. 이 관계의 두번째 항은 아직 도래하지 않았으며, 따라서 이 관계는 관계인 동시에 비非관계Irrelation다. 즉 비관계에 대한 관계인 것이다. 자신에게 **빠져** 있는 어떤 요소, 즉 자신을 채워주고 안정시켜줄 수 있는 요소를 〔항시〕규칙에 어긋나고 상궤를 벗어나는 방식으로〔만〕추구하는 관계. 하나의 대답 그리고 하나의 질문이란 언어의 손상損傷을 치료하려는 시도다. 따라서 그것은 〔단순히〕예상할 수 없는 것에 대한 대답이 아니라, 규칙이 〔전혀〕없는 것, 그러니까 그 말의 모든 의미에서 **우연**

한kontingent 것에 대한 대답이다. 어떻게 그리고 왜 그렇게 되었는지 미처 알지 못한 채 흠뻑 젖어 드는 것, 명석하고 판명한 언어를 거부하는 무언가, 개념화하고 주제화하며 규칙화하는 언어를 〔모조리〕 마비시키는 무언가를 〔기어이〕 언어로 〔다시〕 불러들일 수 있는 가능성에 붙들리는 것, 바로 이것이 문헌학의 **파토스**, 문헌학의 열정이다. 물론 문헌학은 이 **파토스**를 그저 말하거나 쓰는 자와도 나누지만, 언어의 **열림** Sprachoffenheit이라는 경험 말고는 다른 어떤 것도 말할 줄 모르는 시인들과는 **한층 강렬하게**a fortiori 나눈다. 언어의 열림, 즉 언어의 비개연성이라는 조건 아래 있는 언어의 가능성, 언어의 무기력이라는 조건 아래 있는 언어의 역능力能, 언어가 철회된 지평에 비로소 등장하는 〔언어의〕 권력. 시작詩作이란 가장 거침없는 문헌학이다. 시詩가 문헌학으로부터 가장 특별하고 지속적인 관심을 받을 수 있었던 것은 오직 이 때문이다.

따라서 문헌학의 구조를 더 정확하게 배우고자 하는 자는 언어의 의미를 가장 신뢰하지 않는 사람들, 그리고 언어의 반항기에 누구보다 친숙함을 느끼는 사람들에게 조언을 구하는 편이 좋다. 특정한 정치적-철학적 형국 덕분에 문헌학의 구조 문제에 가장 폭넓게 관여할 수 있었던 진귀한 저자 중 한 명이 여기서 암시된 고찰의 행로를 아주 멀리 끌고 나간 바 있다. 그는 "문헌학"이라는 말 자체를 연구하는 문헌학자로서 작업을 수행했는데, 이는 〔말하자면〕 플라톤을 계승하는 것이었다. 소크라테스가 한 젊은이와 나눈 대화(『파이드로스』)를 기록하면서 플라톤은 자신의 스승에게 로고스를 사랑하는 남자anèr philólogos라는 성격을 부여했다(236e). 파이드로스라는 이름의 젊은이 역시 로고스lógos—담론—더 구체적으로는 에로스에 대한 담화erotikòs lógos에 흠뻑 취한 인물로 그려진다(227c). 플라톤의 '문헌학자'란 담론을 좋아하는 친구 혹은 담론을 사랑하는 자인 것이다. 사랑에 대한 담론 혹은 그 자체로 사랑의 말인 로고스의 친구 말이다. 그에게는 로고스 자체가 이미 사랑이고, 더 나아가 사랑에 대한 사랑이므로, 그는 헌-문헌학자Philo-Philologe라고 할 수 있다. 언어는 사랑한다. 문헌학자처럼 사랑하는 자가 있다면, 그는 언어 안에서 사랑을 사랑하는 자다. 플라톤의 『파이드로스』와 더불어 시작된 전통 안에서 프리드리히 슐레겔은 문헌학을 정서Affekt, 특히 논리적인 정서, 즉 로고스의 정서로 이해했다. 이 정서는 그것대로 다시 로고스, 즉 언어를 향해 있다. 『아테네움』404번에 그는 이렇게 적었다. "말의 가장 근원적인 의미에서의 문헌학 없이는 문헌학자도 있을 수 없다. 〔…〕 문헌학은 논리적 정서요, 철학의 짝패Seitenstück요, 화학적 인식에 대한 열광Enthusiasmus이다. 왜냐하면 문법이란 진실로 자르고 붙이기라는 보편적인 기술 중에서 오직 철학적인 부분만을 담당하는 것이기 때문이다. 〔…〕"[1] 그

146

리고 「문헌학을 향하여」라는 제목의 1797년 노트에 그는 이렇게 적었다. "문헌학은 논리적 정서이며, 또한 논리적 정언명법을 충족시키기 위한 필연적인 주체적 조건으로서 최고의 시작始作을 이루는 것이 아닌가?"[2] 또 이런 구절도 있다. "읽는다는 것은 (문헌학에 의해) 스스로 감염되는 것, (문헌학에 의지해) 스스로 절제하는 것, 그리고 스스로 규정하는 것을 뜻한다. 하지만 우리는 읽지 않고도 이런 일들을 해낼 수 있다."[3]—그리고 「철학적 수업 시대」에는 다음과 같은 구절이 있다. "그것은 영원히 참된 것으로 남을 것이다. 즉 정서인 동시에 예술인 문헌학은 토대이자 예비학이며 역사를 위한 모든 것이다."[4]—자기규정 및 자기제한에 대한 피히테Johann Gottlieb Fichte의 담론이 그렇듯이, 슐레겔의 이 담론역시 칸트, 즉 그가 시간의 생산 형식으로 제시한 기분Gemüt의 자기-감염Selbstaffektion에 대한 규정에 기대고 있다. 이러한 까닭에서, 곧 초월-철학적인 동기에서 슐레겔에게 정서로서의 문헌학은 역사적 시간을 위한 **토대**Fundament가 되고, 또 그것을 기록하는 역사적 표현 양식Darstellung이 될 수 있었다. 그런데 문헌학적인 것으로서 자기-감염이 스스로를 관통하

1   Hans Eichner(ed.), *Kritischen Friedrich-Schlegel-Ausgabe*, Bd. 2, Paderborn 1967, p. 241. 이하의 인용들 역시 이 전집에 근거한다.
2   같은 책, Bd. 16, p. 72(no. 121).
3   같은 책, Bd. 16, p. 68(no. 80).
4   같은 책, Bd. 18, p. 106(no. 929).

는 로고스의 정서, 즉 로고스의 자기-접촉이자 자기-자극이라면, 이것은 로고스 안에 이미 어떤 균열이 없다면 불가능하다. 슐레겔은 이렇게 적었다. "오직 자신으로만 존재하고, 자신인 동시에 타자로서 존재할 수 없다면, 그는 결코 자기 자신을 이해하지 못할 것이다. 예를 들어 누군가가 (문헌학자)인 동시에 (철학자)라면, 그의 (철학)은 그의 (문헌학)을 통해, 그리고 그의 (문헌학)은 그의 (철학)을 통해 이해될 것이다."[5] 그러므로 언어의 자기-감염이란 타자로서의 자기 자신, 다양한 자아들로서의 타자들과 반드시 벌일 수밖에 없는 논쟁Polemik이다.[6] 특히 철학은 문헌학을 필요로 한다. 왜냐하면 문헌학의 정서, 문헌학의 열광이 없다면, 철학은 그저 논리의 문법적 구조들에 대한 기술記述로 축소될 것이며, 자연발생적이고 관습적인 모든 규범을 넘어서며 언어의 운동 속으로 진입하는 논리의 경명景命, Imperativ을 감당할 수 없을 것이기 때문이다. 슐레겔에게 문헌학은 헌-쟁-론Philo-Polemo-Logie이다. 그것은 로고스의 구조 내부에서 벌어지는 끝장 토론이다. 언어가 자기를 감염시킨다면, 그것은 언어의 "자기"가 겪는 모종의 위기krisis로 인한 것이다. 그러니까 언어가 "타자"로서의 "자기"로부터 고립되고 분리됨으로써 분열되기 때문이며, 타자로부터 "자기"를, 즉 다른 언어로부터 자

5   같은 책, Bd. 18, p. 84(no. 651).
6   같은 책, Bd. 18, p. 81(no. 624) 참조.

148

신의 언어를 분명하게 갈라놓고 더 나아가 배제하는 영속적인 비판Kritik 속에서 활동하기 때문이다. 자기-비판, 더 정확히 말하자면 타자＝자기-비판Heterautokritik은 기초논쟁학Fundamentalpolemik이자 초월적 마찰Dissens인데, 이것은 언어의 자기-감염이 취하는 궁극의 형식, 논리적 정서의 궁극적인 형식이다. 바로 이것이 문헌학이라고 슐레겔은 생각했다. 언어 일반의 전체 지형도를 그리는 일인 문헌학은 모든 언어적인 표현과 언어에 대한 모든 표현 속에서 관철되어야 한다. 말하는 자는 언제나 이미 언어에 대해, 언어를 향해 말하는 자이며 언어에 대답하는 자이므로, 결국 그는 문헌학자로서 말하는 셈이다. 그러나 언어에 대해über 말하는 그는 또한 모종의 타자, 자신에 맞서 있는 자와 함께mit 말하는 것이며, 제 고유의 언어에 대한 대안으로서의 언어와 논쟁 상태에 들어가게 된다. 이 논쟁을 끝까지 끌고 가는 것은 언어 일반을 건립하는 운동으로서 불가피하지만 동시에 결코 완료할 수 없는 일이기도 하다. 전문화된 인식 형태이자 제도 학문으로서 문헌학이 존재하는 까닭은 오직 그것이 말하기 자체의 형식으로서, 즉 말 걸어오는 자를 향한zu 말하기이자 또한 그에 대한über〔그를 넘어서는〕 말하기로서 존재하기 때문이다. 말하기―그리고 질문하기―는 곧 대답하기이며, 모든 문헌학은 대답의 문헌학이다. 그러나 문헌학의 대답은 어떤 다른 언어―극단적인 경우in extremis 언어와는 다른 무언가―를 향해

149

있는 것이므로, 그리고 이 타자 안에서 문헌학에게는 〔어김없이〕 또 다른 대안적 문헌학 혹은 논쟁적 문헌학이 맞서 있으므로, 문헌학의 대답은, 비록 그것이 사랑philía의 운동이라 해도, 항상―논쟁적인―반-박反-駁, Anti-Wort일 수밖에 없다. 즉 그것은 언어와 문헌학의 다양성을 강화하는 동시에 그들의 통일을 위해 노력하는 반대말Gegenwort일 수밖에 없는 것이다.

문헌학을 초월적-비판적 자기-관계로 스케치한 슐레겔의 도식은 다소 극단적인 공식이긴 하지만, 바로 그 덕분에 비폭력적인 방식으로 생업Metier으로서의 문헌학에 속하는 활동과 관계 맺을 수 있다. 전승된 텍스트의 비판적 교정 작업, 〔작가나 저자의〕 저작집Schriftencorpus을 집성하는 작업, 그리고 그것을 주해하고 해석하는 작업 등이 그러한 활동이다. 이와 같은 텍스트 비평적, 해석학적인 작업에서는 하나의 언어 능력―세밀하게 표시하는 능력―이 다른 언어 능력―그 표시를 반복하고 조합하거나 종합Synthesis하는 능력―에 영향을 끼치며, 산문적인 실천 속에서 말뭉치Sprachcorpus의 자기-감염 과정을 현시한다. 즉 이미 말해졌고 또 다르게 다시 말해진 것을 거듭 새롭게 말하는 것이다. 텍스트의 비평과 해석과 교정의 실천에서는 정확하고 더 정확한 텍스트를 확정하는 일과 더불어 말해진 것Gesagten을 복원Restitution하는 일이 중요하지만, 슐레겔의 문헌학 개념에서 중요한 것

은 〔텍스트의〕 존재Bestand나 상태Zustand 혹은 대상Gegenstand
이 아니라, 애초에 그러한 사정事情, Stand을 유발한 운동 자체
다. 다시 말해 그에게 중요한 것은 말하기Sagen의 정서인 것
이다. 바로 이 정서로부터 비로소 텍스트가 생성된다. 즉 "논
리적 정서"로서의 문헌학 자체와 같은 것인 말하기의 동인動
因, Movens이 중요하다는 말이다. 그에게는 체계로서의 언어
가 아니라 과정으로서의 언어, 더 나아가 단지 과정 자체가
아니라 그 과정을 가능하게 만들고 추동하는 〔것으로서의〕
언어가 중요한 것이다. 이것은 말하기의 영속적인 자기-분리
Sui-Sezession다. 비평적-해석학적 텍스트 구성Konstitution에서
중요한 것이 최초의 혹은 진정한 본상本像, Gestalt으로 귀환하
는 일이라면, 슐레겔의 정서문헌학Affektphilologie에서는 이 순
환 운동 속으로 들어가고 거기서 다시 나오는 일이 중요하다.
완벽한 논쟁학Eine vollständige Polemik에 대해 슐레겔이 쓴 다
음 문장은 모든 문헌학적 실천에서 결정적인 한 가지 요인을
묘파描破하고 있다. "완벽한 논쟁학은 모든 수법Maniren을 패
러디하고, 모든 모서리Ecke를 깨부수며, 모든 선을 끊고, 모
든 원을 폭파하며, 모든 점을 뚫고, 모든 상처를 찢으며, 모
든 혹과 약점을 발가벗겨야 한다."[7] 모든 선, 모든 원, 모든
점, 그러니까 언어에 계산 가능한 한계선을 긋는 기하학 전

---

7   같은 책, Bd. 18, p. 83 (no. 641).

체, 선명한 형태로 연속, 회귀, 정지하는 특정 도형들에 언어를 고정시키는 논리측정학Logometrie 전체는 언어의 자기논쟁학Autopolemik에 의해, 즉 문헌학으로 작동하는 언어에 의해 남김없이 부서지고 끊기며 폭파되고 뚫리고 찢기고 발가벗겨져야 한다. 한마디로 패러디되어야 하는 것이다. 물론 선과 원과 점은 존재한다. 어떤 문헌학도 이 사실을 두고 논쟁할 수는 없다. 왜냐하면 이것들은 비단 언어 일반에 대해서뿐 아니라, 스스로 경계 짓고 또 타자에 대해 경계를 그음으로써 자기를 규정하는 문헌학적 자기-감염에 대해서도 〔엄연한〕 사실로서 존재하기 때문이다. 이 자기-감염 안에서 언어는 거듭 생성된다. 따라서 어떤 문헌학적 노동Arbeit이든 이 형상들—기하학적 도형 및 그와 긴밀히 결합된 수사학적 형상—에 주의를 기울이지 않을 수 없다. 더 나아가 문헌학적 작업은 그 자체로 종합이 필요한 경우에는 선(형)적인 실천, 재구성이 필요한 경우에는 순환적인 실천, 그리고 구획 표시가 필요한 경우에는 언어를 점으로 만드는 기하학적 분리의 실천이 될 수밖에 없다. 그러나 이러한 실천에 의해 생산되고 재생산된 형상들 안에서 생산 과정은 결코 정지 상태에 이르지 못한다. 그 과정은 한번 산출된 대상들 안에서 지속되어야 한다. 그리고 이렇듯 규정하고 제한하는 정서는 임계점에 다다를 경우 파괴와 폭파의 정서가 된다. 그런데 이것은 기존에 설정된 역사적 언어의 경계가 개방된다는 뜻이기도 하다. 논쟁학으로서 문헌학은 언어의 형성 과정을 지속시킨다. 그것은 이미 도달된 모든 **현재 상태**status quo를, 또한 **오염된 과거 상태**status ante corruptionem를, 그러니까 어떤 방식으로든 고정 가능한 모든 상태Status를 지나치게hyperbolisch 넘어선다. 문헌학은 논쟁을 통해 자신의 대상을 만들어내는 패러디, 계속되는 언어의 자기-패러디다. 모든 언어는 구조, 기능, 의미를 정립한다. 모든 언어는 **계속**fort 정립한다. 언어처럼, 그리고 언어**로서**als, 문헌학도 그렇게 한다.

그런데 문헌학이 정립하고 또 계속-정립한다는 것은, 적어도 두 개의 제스처, 즉 서로 무관하지 않지만 그렇다고 하나가 다른 하나로 환원될 수는 없는 두 개의 제스처를 따른다는 뜻이다. 한편으로 문헌학은 텍스트 뭉치를 규정한다. 텍스트의 경계와 소속에 따라, 내부 구조 및 한계 구조 그리고 '실제적pragmatisch' 구조에 따라, 텍스트를 관통하는 비유에 따라, 그리고 텍스트가 생성해낸 의미에 따라 [각각 다르게] 규정하는 것이다. 문헌학은 제한적이거나 포괄적인 언어 복합체—개별 표현, 관용어[독특한 표현], 동기[모티브], 장르, 시기, 민족 문학 등—를 형식, 기능, 작동Operation에 따라 규정한다. 문헌학은 경계를 정하고, 이를 통해 암시적으로든 명시적으로든 규칙을 정한다. 이 규칙에 따라서 문헌학은 그러한 정립Setzung을 실시한다.

다른 한편으로 문헌학은 이 정립을 **계속**fort 해나간다.

문헌학은 그것을 반복하지만, 이 반복 속에서 그것을 변화시키며 미시적이고 거시적인 차원 모두에서 경계 갈등을 일으키기도 한다. 또한 개별 관용어[독특한 표현]들 사이에 충돌을 유발하고, 민족 문학과 시대 문학에 존재하는 편협성에 주목하게 만들며, 종래에는 조망 가능한 역사적 영역 일체에서 언어와 문학으로 통용되는 것들의 총체라는 것이 알고 보면 [지극히] 협소하다는 사실을 비판하기에 이른다. 문헌학은 상호 충돌하지만 원리상 규정 가능한 구조, 기능, 작동을 통해 초대형 언어 복합체den sprachlichen Superkomplex에 맞선다. 문헌학이 정립을 **계속**fort 해나간다는 것은 정립들 사이에 거리를 둔다는 뜻이다. 언어의 전체성, 언어 자체에 의해 규정된 총체성에 맞서기 위해 [도리어] 언어의 반복의 필연성을 **무한대로**ad infinitum 이용함으로써 말이다. 즉 모든 언어적 총체성을 한낱 단편으로 만들어버릴 수 있는 무한의 필연성을 이용하는 것이다. 원리상 문헌학은 온갖 언어 작동 전부와 관계하는 것이기로, 가능할 수 없을 정도로 반복과 변화가 이어지는 계열체 속에서는 **그것**의 총체성 역시 무한의 한 단편에 지나지 않는다. 아무리 규정된 형태로 실행될 수 있다고 해도, 문헌학은 결국 비규정한다indefiniert.

모든alle 선을 끊고 **모든** 원을 폭파하며 **모든** 점을 뚫는 것, 이것은 곧 언어에 의한 모든 정립의 총체성을 중단시키는 것과 다르지 않다. 제 메모의 첫번째 정식에서 슐레겔은 이 중단의 양식Modus을 패러디로 특징지었다. "완벽한 논쟁학은 모든 수법을 패러디하는 것이어야 한다〔…〕." 그러나 모든 언어 표현의 총체성, 문학과 언어 일반의 모든 형상, 기능, 작동의 총체성을 패러디하는 작업은 아르키메데스의 점, 즉 그 총체성을 혁파할 수 있게 해주는 점을 언어와 문학의 우주 외부에서 찾을 수는 없다. 왜냐하면 이 아르키메데스의 점 역시 여전히 총체성에 속해 있으며, 슐레겔의 공격적 어구를 따르자면, 다른 점들과 마찬가지로 "뚫려야zerstochen" 하기 때문이다. 점stigmé은 다시 찍혀야 하고restigmatisiert, 찍힌 점은 지워져야 한다destigmatisiert. 만약 언어적 총체성에 대한 패러디가 존재한다면, 그리고 문헌학이 이 패러디에 기반한 초-총체성Trans-Totalität이라면, 그것은 오직 구조, 기능, 작동을 갖지 않는ohne 언어에 의해 구조와 기능과 작동을 가진 바로 그 언어가 내재적으로 중복Verdopplung됨으로써만 가능한 일이다. 이 반복은 아마도 풍자극Satyrspiel을 다시 올리고 뒤집어 올리는 것, 반-복과 반-대Wieder- und Widerwort, 즉 파렉바제Parekbase의 반-박Anti-Wort일 것이다. 슐레겔은 아리스토파네스의 희극을 통해 파렉바제에 대해 알게 되었는데, 이를 통해 그는 제 사유의 가장 결정적인 개념 가운데 하나, 즉 아이러니Ironie의 개념을 특징지을 수 있었다. "아이러니는 영구한 파렉바제다."[8] 슐레겔에게 아이러니, 논쟁학, 파렉바제, 그리고 패러디는 모든 언어적 생산물Gebilde의 총체성을 시종 수행하는 언어적 과정이지만, 그 생산물과는 달리 어떤 독립적 기능을 갖거나 의미론적 내용을 요구하지 않는다. 그것은 오로지 언어적 총체성을 비활성화하고 의미와 기능을 상실하도록 만들 뿐이다. 바로 이런 일을 문헌학이 하는 것이다. 문헌학은 언어와 언어적 생산물 전체의 수행원이지만, 그 자신은 어떤 것도 말하거나 생산하지 않는다. 문헌학은 언어의 전체성Gesamtheit이 스스로 정체를 폭로하게exponiert 만드는, 즉 자기 자신을 전시하고 표상하며 현시하게 만드는 순연한 매체Medium일 뿐이다. 그러나 문헌학이 언어 형성Bildung의 전체성을 분석하고 복원하며 맥락화하고 또한 체계화한다면, 이것은 틀림없이 어떤 거리Distanz, 즉 언어의 모든 정립을 무력화하고 언어의 총체성을 폭-로하는ex-poniert, 다시 말해 방기하고 분리하며 중단시키는 거리 덕분이다. 그러므로 슐레겔이 이해한 바의 문헌학은 마치 문학의 부분성Partialität을 수호하는 파르티잔인 양 총체성을 구조적으로 비판하는 일이 결코 아니다. 또한 그것은 한낱 언어의 국부적인 능력을 옹호하는 것도, 지역학地域學, Regionalwissenschaft을 위해 봉사하는 자리에 만족하는 것도 아니다. 문헌학은 현존하는 총체성으로부터 단편을 잘라내는 것이 아니다. 반대로 그것은 총체성 자체를selbst 무한의 단편으로 만든다. 이에 대해 문헌학

8   같은 책, Bd. 18, p. 85(no. 668).

156

은 아무 권한도 갖지 못한다. 오직 문헌학에게만 〔존재하는〕 모든 것 이상의 무언가가 존재한다. 문헌학에게는 비단 이미 표상된 것 이상의 것뿐 아니라, 그와 더불어 표상 가능한 것, 예측 가능한 것, 제작 가능한 것 이상의 것도 존재한다. 그래서 슐레겔은 문헌학에게 스스로를 개방하는 작품을 일러 미래로부터의 단편Fragmente aus der Zukunft이라 칭했던 것이다.[9] 즉, 언제든 도달 가능한 어떤 총체성을 내재적으로 중단시킴으로써만 더 가까이 접근할 수 있는 그런 미래로부터의 단편. 따라서 문헌학은 작품 안에서 역사의 변호사가 된다. 작품의 총체성을 그것이 아직 되지 못한 존재와 관계 맺게 함으로써 문헌학은 작품의 역사적 변화에 기여한다. 진보적 보편포에지Universalpoesie는 오직 논쟁학을 통해서만 진보적일 수 있다. 이 논쟁학은 보편포에지에 상응하는 보편문헌학 Universalphilologie을 동반한다. 이렇게 이해된 문헌학은 타자의 언어 세계를 위해 현존하는 역사적 언어 세계─자기 자신의 언어 세계를 포함하여─를 중지〔에포케〕epoché시킨다. 문헌학은 더 많은 타자를 위한 자리를 만들기 위해 계속해서 세계를 비운다. 그러나 그것이 창조하는 것은 오직 자리밖에 없는 고로─문헌학은 탈脫창조Dekreation다─문헌학은 모든 언어가 말할 수 있게 하는 매체다. 그러나 이 매체 자신은 말하

9   같은 책, Bd. 2, p. 168(no. 22).

157

기Sagen의 시작 이외에는 다른 어떤 것도 말하지 않는다. 파렉바제와 패러디처럼 문헌학도 병행학〔겸兼논리〕Para-logie이다. 이 안에서 로고스는 그저 계속해서 말할 뿐, 아무것도 의미하지 않는다.

언어는 정립하고 계속 정립한다. 그리고 문헌학도 마찬가지다. 언어적 사건의 두 원리—정립하는 원리와 모든 정립을 해제하는 원리—는 서로 비대칭적인 관계에 있다. 정립된 것은 이미 말해진 것으로서 원리상 규정 가능한 의미와 기능을 갖는다. 그러나 이처럼 말해진 것은 말하기Sagen에 의존한다. 원리상 말하기는 저 홀로 의미와 기능 없이 작동할 수 있다. 그냥 말하기Sprechen 없이는 무언가를 말할 수 있는Etwas zu sagen 가능성도 없다. 그러나 이 그냥 말하기와 계속 말하기Weitersprechen는 그 자체로 무언가Etwas를 누군가Jemandem에게 전달하지 않는다. 말하기의 내용이 말하기 자체와 동일하지 않다는 사실, 그냥 하는 표현—언어학자들이 의례적 행위der phatische Akt라고 부르는 것—이 모든 의미론적 혹은 구조적인 내용에 선행하며 또한 그 모든 내용을 넘어선다는 사실은 반복과 변주에서 가장 명확히 드러난다. 즉, 운율, 후렴, 복창 따위처럼 상대적 동의를 표시하는 반복-변주 혹은 전복적 지향의 되뇌임Echolalie, 방언Glossolalie, 패러디, 논쟁적 인용 등의 반복-변주에서 말이다. 여기서는 이미 말해진 것이 다시 말해지지만, 이때 말해지는 그것에 어떤 확신이나 효력에

158

대한 인정 혹은 의미에 대한 긍정 따위가 결부되는 것은 아니다. 말해진 것은 그냥 말하기와 계속 말하기 속에서 무력해진다. 가령, 플로베르의 『단순한 마음*Un cœur simple*』에서 펠리시테의 앵무새가 따라 하는 모든 말들이 흉내 내기의 메커니즘을 통해 의미의 의장意匠을 벗어버리는 것처럼 말이다. 메아리, 인용, 거울은 어떤 현상을 아름답게 치장하기 위한 분장 도구가 아니다. 그것들은 오히려 그냥 말하기 속에서 이미 말해진 것을 무한하게 만들고 소유할 수 없게 만들며 또한 텅 비게 만들기 위한 도구들이다. 이러한 분석적 반복Iteration의 요소들은 언어, 특히 문학 언어 안에 있는 〔일종의〕 군단群團, Legion이다. 그리고 문학 언어에서 이 요소들은 문헌학적 근본 작동에 대한 본보기 역할을 한다. 이 근본 작동을 통해 성찰적 문헌학—성찰 속에서 자기를 반복함으로써 비로소 자기를 획득하는 문헌학—은 자신을 추동하는 것이 무엇이며 그것이 텍스트에서 제기된 질문에 대한 자신의 대답과 어떤 관계를 맺고 있는지 인식할 수 있다.

「도서관이 불탄다La bibliothèque est en feu」라는 시에 르네 샤르René Char는 다음의 문장들을 써놓았다. "Comment me vint l'écriture? Comme un duvet d'oiseau sur ma vitre, en hiver. Aussitôt s'éleva dans l'âtre une bataille de tisons qui n'a pas à présent, pris fin."[10]

이 세 개의 문장을 독일어로 옮겨보면 다음과 같다. "Wie kam mir das Schreiben? Wie Vogelflaum an meine Fensterscheibe, im Winter. Sogleich erhob sich im Herd ein Feuergefecht, das, noch bis jetzt, kein Ende genommen hat."〔글쓰기는 어떻게 나에게 도래하는가? 마치 겨울, 내 유리창에 붙은 깃털처럼. 곧 난로 안에서 벌어진 불꽃들의 전쟁은, 지금도, 끝나지 않았다.〕 이 텍스트는 공통의 초점을 에워싸고 느슨하게 구성된 일련의 아포리즘의 일부이며, 따라서 다른 말 무더기paroles en archipel로부터 비교적 독립적인 것으로 운위될 수 있다. 이 텍스트는 글쓰기의 도래에 대한 물음과 더불어 시작된다. 모두冒頭의 질문—글쓰기는 어떻게 나에게 도래하는가?—은 내가 가는 것이 아니라 거꾸로 글쓰기가 나에게 어떻게 왔는지를 묻고 있다. 그러니까 이 질문이

10   René Char, *Œuvres complètes*, Paris 1983, p. 377.

벌써 답하고 있는 셈이다. 글쓰기의 도래에 대해서 말이다. 그리고 이 질문은 바로 그것을 쓰는 일이 어떻게 도래한 것인지에 대한 답으로도 이해할 수 있다. 글쓰기가 나에게 어떻게 왔는가를 묻는 이 질문은 그렇다면 바로 이 질문[자체]의 도래에 대한 질문이 될 테고, 또 이 질문에 대한 질문은 그 자체로 그 질문에 대한 첫번째 대답이 될 것이다. 그 대답은 다음과 같다. 나에게 글쓰기는 어떤 타자의 질문으로, 지금 여기서 나의 고유한 질문으로 반복되고 있는 타자의 질문으로 도래했다. 나의 글쓰기는 그의 글쓰기에 대한 응답Replik이다. 그의 글쓰기는 나의 [바로] 이 대답 외에 어떤 다른 장소나 시간을 가질 수 없다. 글쓰기의 도래란, 나의 글쓰기와 그의 글쓰기의 충돌이고, 질문과 대답의 반목이며, 말하기 안에서 벌어지는 전쟁polemos이다. 이 통찰은 두번째 문장에서 제시된 비교를 통해 확증되고 세공된다. 즉 두번째 문장은 의문사 꼬멍Comment[어떻게]을 그것과 발음이 같은 꼼 엉Comme un[마치 ~같은]으로, 뱅vint[도래하다]을 (뒤)베(du)vet[깃털]로, 그리고 (에크)리튀르(éc)riture[글쓰기]를 비트르vitre[유리창]로 비틀어 반복하며, 이를 통해 대답 속의 질문을 아주 살짝만 옮기면서 재수용하고 있다. 게다가 이 두번째 문장은 글쓰기를 겨울 유리창에 날아와 붙는 깃털처럼 그렇게 글 쓰는 자에게 도래하게 한다. 그러니까 이것은 생각할 수 있는 한에서 가장 덜 절박하고 가장 부드러운 접촉, 아니 아무튼

161

가장 비개연적인 접촉에 대한 담론이다. 왜냐하면 겨울에 새들의 깃털이 빠지는 법은 없기 때문이다. 접촉으로서의 글쓰기의 도래는 슐레겔이 논쟁학이라고 부른 것, 그리고 칸트와 더불어 그가 정서 혹은 촉발Affizierung이라고 부른 것의 형식을 가진다. 샤르에게도 역시 이 촉발은 스스로를 관통하는 순전한 자기 접촉이 아니라, 마치 유리창처럼 외부 세계에 맞서 자기를 지켜주는 것과의 접촉, 즉 타자를 통한 접촉이며, 더 정확히 말하자면 타자가 부지중에 떨어뜨려 잃어버린 어떤 것, 즉 솜털Flaumfeder을 통한 접촉이다. 유리창vitre과 겨울 hiver은 말라르메 시의 수사학적 요소를 재수용한 것이며, 깃털duvet의 형상Figur은 펜촉Schreibfder에 대한 비유로 쓰였기에 전통적으로 글쓰기를 상징해온 **펜촉plume**을 상기시킨다. **전체를 대표하는 부분**pars pro toto이라는 상투어구는 여기서 **펜촉plume**이 환유에 의해 **깃털duvet**로 이동한 덕분에 덜 상투적이게 되는데, 이처럼 전통을 최소한으로 왜곡하는 것은 글쓰기의 이미지Bild를 섬세한 접촉의 이미지로 부드럽게 완화해주며, 그럼에도 처음의 질문 이래로 계속 현전해 있던 **글쓰기écriture**[의 문제]라는 함의는 전혀 상실되지 않는다. 글쓰기는 나에게 어떻게 왔는가, 이 물음은 이런 대답을 얻는다. 글쓰기는 지면紙面, Schreibfläche처럼, 글쓰기로부터 나를 보호해주는 지면처럼, 마치 나의 경계와 충돌하려는 듯, 도래한다. 그리고 나의 글쓰기는 그 충돌을 모방하는 것이 아니라 그 자체로 바로 **지금 여기서**hic et nunc 일어나는 충돌의 사건이다.

자신의 물음에 텍스트가 승인하는 대답은 경감된 형태로 질문 자체를 다시 쓴 것과 다르지 않다. 즉 그것은 다시금 인접성의 축Kontiguitätsachse으로 밀려난 타자의 물음인 것이다. 나는 쓰는 것이 아니라 쓰여지는 것이며, 이러한 나 자신의 쓰여짐은 지금 여기 쓰여지는 이 글 속에서도 **현재형으로 엄연히**encore à présent 지속한다. 그러므로 질문을 계속해나가는 대답은 쓰는 자에 대한 질문으로만 이해되어서는 안 된다. 가령 쓰는 자는 어떻게 해서 작가가 되는가를 묻는 식으로 말이다. 이에 못지않게 그것은 독자〔읽는 자〕의 질문이기도 하다. **글쓰기는 어떻게 나에게 도래하는가?** 두 경우에 있어서 대답은 하나다. 읽기 때문에 나는 쓰여지고 또한 나의 읽기 속에서 계속되는 타자의 글쓰기에 대한 독자로서 나는 존재하기 때문에, 글쓰기는 도래하는 것이다. 샤르의 글쓰기를 통해 **타자-감염**Heteroaffektion이 완곡하게 표현되었다면, 세 문장으로 된 이 텍스트의 마지막에 이르러 글쓰기는 극도로 위협적인 야만으로 탈바꿈한다. 깃털을 통한 접촉이 불꽃을 튀겨 난로 안에서 불꽃들의 전쟁이 벌어지게 만드는 것이다. Aussitôt s'éleva dans l'être une bataille de tisons. "곧 난로 안에서 불꽃들의 전쟁이 벌어진다." 여기서 **아트르**âtre〔난로〕는 **비트르**vitre〔유리창〕의 음성적 변주로 기능하고, 깃털을 통한

163

접촉은 불타고 있는 장작들 사이의 **바타유**bataille[전투]를 개시하는 바트르battre[격파]가 된다. 타자의 물음을 통한 가벼운 접촉이었던 글쓰기가 타격, 전투, 전화戰火로 바뀐 것이다. 내가 쓰는 것이 아니라 오히려 쓰여지는 경험은 이제 더 날카로워져서 나 자신이 불꽃으로 타오르는 경험, 불꽃 튀는 전투의 경험이 된다. 나는 불타오르고 불타버린다. 작가가 이미 자신을 독자로 규정했기에 독자 역시 이 장면의 일부인바, 그도 바로 저 불꽃의 화염에 휩쓸리게 된다. 그러니까 그의 읽기는 방화放火, 연소燃燒, 화재火災인 셈이다. 읽(었)기 때문에 그는 불가피한 우연의 형식으로 타자가 강요한 불꽃 전쟁의 와중에 서게 된 것이다.

글쓰기는 어떻게 나에게 도래하는가? 이것은 얼핏 보면 학술적인 주제에 전혀 위험하지 않은, 아니 친근한 물음으로 보이지만, 누진적 변형을 통해 종래 다음과 같은 대답으로 바뀐다. 단어와의 모든 접촉, 질문과의 모든 접촉은 교전이며 또한 화재다. 그리고 지금 이 책에 엄연히 **현재형으로**encore à présent 적혀 있는 이 대답 역시 불꽃 속에 서 있다. 일견 차가워 보이는 질문이 사실은 불타는 질문이라는 사실이 드러나고, 이것은 대답 속에서 계속 불타오른다. 질문이라는 깃털을 통한 접촉, 사라질 듯 작은 유리창의 점을 통한 거의 에로틱할 정도로 부드러운 이 접촉, 즉 질문을 통한 나의 접촉이 사실은 언어의 몸Corpus 전체에 퍼져 있는 감염이었음이 밝혀진다. 이것은 지금 여기서 **현재형으로** 이 시를 맞닥뜨린 독자를 엄습하고 더 나아가 현존 자체를 하나의 전투로, 타오르는 불길로 만든다. 이것은 가장 사소한 경험에서도 발생할 수 있는 항구적이고 치명적인 위험이다. 글쓰기와 그것에 대한 질문, 읽기와 대답, 즉 읽기를 (바로) 그 질문에 대한 대답으로 승인하는 대답, 이것들은 결코 무해하거나 조화롭거나 친밀한 것이 아니며, 또한 전적으로 언어학적인 사건이나 시적으로 괄목할 만한 사건 역시 아니며, 그렇다고 지역이나 분과 영역에 따라 경계를 그을 수 있는 것도 아니다. 그것들은 항상 팽창하며, 모든 우연의 형식과 우연에 의한 변형을 통해 광범위하게 전염되는 것이다. 심지어 지역화와 규범화와 규율화의 실천 속에서도 말이다. 여기서 말하기와 듣기, 읽기와 쓰기로 표현된 불꽃 전쟁은 샤르의 텍스트 안에서는 **아트르** âtre에 국한된 것으로 나오지만, 그의 시에서 **아트르**는 대개 **에트르**être(존재하다/~이다)의 변이형으로 사용되며 불꽃 역시 앞서 이야기한 바와 같이 글쓰기를 장악하는 것이므로, 샤르의 불씨Funke는 **존재하는**ist 것 전체, 언어 전체, 그리고 정치적인 것을 포함하여 언어와 접촉하는 것 일체를 불길 속으로 집어 던지는 것이라고 할 수 있다. **도서관이 불탄다.** 비단 알렉산드리아의 도서관만을 말하는 것이 아니다. 우리의 안과 밖에 있는 모든 도서관이 불길에 휩싸이는 것이다. 그리고 도서관과 함께 그곳에 저장될 수 있는 모든 학문들과 담론

165

의 방법들까지 불길에 휩싸인다. 문헌학은 불탄다.

언어뿐 아니라 언어와 접촉하는 모든 것이 불길에 휩싸인다는 말은 전혀 은유가 아니다. 이것은 환유적인, 즉 우연의 결합을 관류하는 트라우마의 표현이다. 환유적으로, 다시 말해 우연의 조합을 넘어서는 방식으로 말이다. 독일 점령기 당시 르네 샤르는 남프랑스의 비밀 레지스탕스 군대를 지휘했다. 이 부대는 드골 휘하의 런던 망명정부로부터 무기를 공수받았다. 망명정부가 보낸 비행기는 새벽녘에 전투에 필요한 무기 컨테이너를 낙하산에 매달아 떨어뜨려 주기로 했다. 그러나 이 공수 과정에서 첫번째 컨테이너가 땅에 떨어져 폭발하면서 주변의 숲을 모조리 불태워버렸다고 한다. 1943~44년의 항전 중에 적바림한 「도취된 자의 기록들 Feuillets d'Hypnos」에서 샤르는 이 사건에 대해 보고한다. 그와 동료들의 목숨을 앗아갈 뻔했던 이 불운한 우연은 사실 불꽃 전쟁으로서의 글쓰기에 관한 짧은 텍스트와 더없이 긴밀하게 연결된다. 무기 낙하와 관련해 미리 약속된 암호가 바로 **도서관이 불탄다**였던 것이다.[11] 샤르는 앞서 인용한 텍스

11   이에 대해서는 에릭 마티의 책(Eric Marty, *René Char*, Paris 1990, p. 174)과 르네 샤르의 이 시집과 다른 시들을 독일어로 번역한 책(René Char, *Die Bibliothek in Flammen und andere Gedichte*, Frankfurt am Main 1992)에 붙인 호르스트 베어니케Horst Wernicke의 후기("'Die Bibliothek in Flammen': René Chars Dichtung des Aufbruchs," pp. 263 이하)를 참조하라. 호르스트

트를 비롯한 여러 편의 시들을 묶어 책으로 내면서 이 암호문을 제목으로 붙였다. 이를 통해 그는 문장의 의미를 배가시켰다. 한편으로 이 문장은 다른 모든 암호문과 마찬가지로 암호문이다. 이것은 자유로운 삶을 위한 투쟁을 환기하면서 동시에 그 투쟁을 계속해나갈 것을 종용한다. 그러나 다른 한편으로 이 문장은 한때 문화와 문명의 이름으로 불렸던 모든 것들이 실제로 절멸되는 사태를 의미하기도 한다. 이것은 곧 세계 대화재가 일어날 가능성을 의미한다. 헤라클레이토스 숭배자였던 샤르는 아마도 〔이 고대 철학자가 말한〕 우주의 불을 생각했을지도 모른다. 즉 세계 대화재가 남긴 잿더미로부터 마치 피닉스처럼 어떤 다른 세계, 다른 언어가 생겨날 가능성을 암시한 것이다. 이 시집에는 「독수리는 미래로L'aigle est au futur」라는 시도 실려 있다. 이 시는 트라우마적 경험을 증명한다. 즉 "도서관이 불탄다"라는 문장이 가진 이율배반적인 의미, 아니 의미의 가능성 일체가 사고와 재난과 어처구니없는 우연으로 인해 근절될 수도 있었을 그 경험 말이다. 이 시

베어니케는 친절하게도 자신과 나눈 대화에서 르네 샤르가 직접 암호명과 시집 제목 사이의 연관성에 대해 언급했다는 사실을 나에게 알려주었다. 게다가 그에 따르면 샤르가 공동 건축한 퐁텐-드-보클뤼즈Fontaine-de-Vaucluse의 레지스탕스 박물관Résistance-Museum에 당시 전투에서 사용된 암호문이 모두 적혀 있는 낡은 공책이 보관되어 있으며, '도서관이 불탄다'라는 암호문 역시 거기에 기록되어 있다고 한다(2005년 2월 8일 자 편지).

역시 일종의 무기 공급이며 따라서 항전을 계속할 수 있도록 돕는 것이다. 그러나 이 시는 또한 그 무기들과 마찬가지로 위험하다. 착륙하는 순간, 그러니까 독자—와 문헌학자—에게 읽히는 순간 폭발할 위험, 그 자신과 그가 하(려)는 말을 모조리 절멸시킬 위험이 있는 것이다.

샤르가 자신의 시에 제목으로 붙인 이 암호문은 스스로 절대적 의미 불가능성Bedeutungs*unmöglichkeit*으로 내몰리는 지경까지 의미의 가능성을 증폭시킨다. 이 극단적 가능성은 모든 언어의 트라우마, 모든 언어에 의해 전달되는 트라우마다. 이 가능성은 원리상 언어의 주장을 훼손한다. 즉, 원리와 규범과 의미 도식을 확정하고 이를 소통의 연속체 안에서 유지할 수 있어야 한다는 언어의 주장을 기각하는 것이다. 언어의 경험이란 언제든 더 이상 말할 수 없게 될 위험을 경험하는 것이다. 전달의 경험이란 수신자에게 닿지 못할 위험 혹은 발신자 자신과 수신자 모두를 파괴해버릴 위험을 경험하는 것이다. 트라우마를 초래하는 이 위험은 실현될 수도 그렇지 않을 수도 있는 어떤 막연한 가능성으로서 말하기 및 함께-말하기에 수반되는 것이 결코 아니다. 그것은 바로 그 위험으로서*als* 애초부터 말하기 자체를 조율한다*skandiert*. 그리고 언어는 애초부터 [바로] 이 위험을 견디며 살아남은 자로서 존재하는 것이며 그래서 그 흔적을 지니고 있다.

그러니까 언어는 한편으로 의미를 만들고 질서를 짓고

도식을 세우며 이를 규제하고 또한 소통하지만, 자신의 의미와 규칙과 전달을 훼손하는 것을 규정하거나 규제할 수는 없다. 다만 그것을 확인할 수 있을 뿐이다. 샤르의 목숨을 앗아갈 뻔했던, 그리하여 그의 투쟁과 그의 문장 전부를 파괴할 뻔했던 저 무의미한 사고는 '**도서관이 불탄다**'라는 이 문장을 통해 기억된다. 즉 자신의 건재를 증명하는 것이다. 그러나 바로 이 증명 속에서 그것은 [결국] 극복된다. 이것은 한편으로 "도서관이 불탄다"는 문장이 자신에게 속하는 모든 것과 더불어 불탄다는 뜻이다. 즉 이 문장 자체가 불타는 도서관의 일부인 고로 도서관과 함께 불탄다는 말이다. 그것은 지금 여기서도 계속 불타고 있다. 그래서 이 불꽃들의 **전쟁은 지금도** [⋯] **끝나지 않은 것이다**. 그리고 다른 한편으로 이것은 이 문장이 저 화재로부터 살아남았다는 뜻이기도 하다. 이 문장은 자신이 속한 도서관 전체보다 크지 않지만 어쨌든 전체와 구별되는 다른 부분이다. 또한 그것은 불타버린 자기 자신과도 다른 존재다. 이 문장은 모든 것에 대해, 모든 것을 넘어서서 말하는 나머지, 더는 아무것도 말할 수 없게 만드는 우연의 가능성까지 넘어서서 말하는 나머지다. 이 나머지 안에는 두 개의 불이 타오르고 있다. 파괴의 불과 그에 맞서는 저항의 불. 이 나머지 안에서 언어적인 세계의 트라우마가 반복된다. 그러나 여기서 이 트라우마는 다만 반복될 수 있을 뿐이다. 왜냐하면 이 문장이 그것을 극복하고 살아남았기 때문이다. 이는 그것이 트라우마를 벗어난 증인으로서 타자들을 위해, 미래의 언어들을 위해, 이들의 안녕을 위해, 그리하여 이들의 수신자를 향해 〔그 사고에 대해〕 말해준 덕분이다. 트라우마의 과거에서 온 이 문장은 다른 미래를 위한für 문장이다. 그러나 만약 이 문장이 그 자체로 이미 다른 미래로부터 건네진 것이 아니었다면, 그것은 미래를 위한 문장이 될 수 없었을 것이다. 독수리는 미래로—이 표현은 단지 독수리가 미래 안에 있다거나 미래에 속한다는 것만을 의미하지 않는다. 이 표현은 또한 독수리가 미래 시제 안에 있음을 뜻한다. 지금 여기 서 있는 독수리는 〔그 자체로 이미〕 어떤 다른 시간의 도착이다. 지금 독수리는 하나의 깃털, 아니 그의 깃털을 통해 나의 겨울 유리창을 건드리고 있다. 바로 이것이 글쓰기의 도래, 불꽃의 연소, 도서관의 화재, 요컨대 불타는 문헌학이다. 문헌학은 문헌학을 불태운다. 더 크게 불타오를 〔다른〕 문헌학들에게 자리를 내주기 위하여. 문헌학의 불은 다른 불을 위한für 것이고, 다른 불의 위하여Für다. 그것은 존재하는 모든 것의 미래태未來態, Künftigkeit를 대변한다. 샤르가 글쓰기의 도래에 관해 쓴 글, 글쓰기의 문헌학자로서 그가 쓴 것은 우선 이러한 글쓰기를 도래하게 하고 불타오르게 하며 타자를 위해 증언하게 한다. 문헌학은 석면으로 보호 처리된 제도 속에 안착한 의미를 폐기하기 위해 일하지 않는다. 미래태를 보증하고 증언하는 자로서 문헌학은 그런 제도들이 고착시

170

키려 하는 모든 것 안에서 다만 불타오를 따름이다.

언어의 운동, 특히 문학 언어의 운동 속에서 문헌학의 근본 작동의 윤곽이 그려질 수 있다면, 이와 관련하여 적어도 두 가지 이야기를 할 수 있다. 첫째, 문헌학이 진정 현-논리*Philologie*라면, 그것은 언어에 의한 감염—여기에는 언어의 파국이나 언어에 의한 트라우마뿐 아니라 이것들과 연관된 실재 및 이와 교차하는 비실재까지 포함된다—을 살균 기술이나 면역 처리 기법 따위로 회피할 수 없다. 그것이 "옛날 옛날에*Es war einmal*" 유형의 조야한 역사화 기술이든 아니면 "이것은 q-함수다" 유형의 언어학적 중립화 기술이든 마찬가지다. 언어적으로 조직된 세계든 아니면 조직 불가능한 세계든 관계없이 무규칙적으로 발생하는 감염, 자극, 발병을 소화하고 흡수하기에 문학의 언어는 다른 어떤 언어보다 적합한 매체다. 그러나 문학의 언어는 폐쇄적인 집합이나 포괄적인 전체 혹은 의미와 관계로 촘촘히 엮인 연속체로 통합되기에는 다른 어떤 언어보다 부적합하다. 문학의 언어는 응집의 노력을 포기하지 않지만 어쨌든 **선천적으로**a priori 헐렁하고 **porös**, 감염에 취약하며, 그래서 다른 어떤 형식에도 편입되지 못하는 것에 대한 감수성이 〔남달리〕 예민하다. 만약 이 언어, 문학의 언어가 어떤 특정한 형식—설령 항상 새롭게 규정될 수 있는 것이라 해도—이라면, 그것은 어그러진 것, 기괴한 것, 모든 형식의 파괴와 기각을 초대하는 형식일 것이

171

다. 문학은 도발에 응한다. 그러나 할 수 있기에 응하는 것이
아니다. 만약 그렇다면 도발은 아무것도 아닐 것이다. 그보
다 문학은 자기를, 그리고 대답할 수 있는 능력 일체를 의문
에 부치기에 응할 수 있는 것이다. 자신의 능력을 넘어선 곳
에서 도발에 대한 대답을 구하고 찾고 만들어내야 하기에 응
하는 것이다. 정말로 그것이 문헌학이라면, 그것은 문학이 조
직한 진영으로부터 오는 도발과 공격과 질문에 응답할 수 있
어야 한다. 비단 여기에 대응할 무기들을 준비했을 때뿐 아니
라 무장 해제한 상태여서 미처 대답을 준비하지 못했을 때라
도 그래야 한다. 문학은 극단의in extremis 언어 사건이다. 규
칙을 벗어나며 순치되지 못한 난폭한 정서 혹은 통제 불가능
한 우연에 맞닥뜨리거나 꿰뚫리는 한계 지점에서 벌어지는
사건인 것이다. 문헌학은 문학이 아니다. 그러나 문학과 공유
할 사안을 갖고 있지 않다면, 그것은 문헌학이 아니다. 문헌
학은 문학이라는 다른 언어 그리고 그 밖에 잠재적인 다른 모
든 언어를 돕는 언어다. 문헌학은 이 언어들과 동행하고 그들
의 목소리에 귀를 기울이며―그러므로 많은 경우 침묵해야
하고―그 목소리에 힘을 실어준다. 어느 대목에서든 단편적
으로나마 강세를 주면서 그 목소리를 반복하고 번역하며 변
주함으로써 말이다. 문헌학은 문학과 함께mit 말한다. 그러나
문학과는 다른 말투Idiom로 말한다. 문헌학은 형식을 만든다.
그러나 만약 문헌학이 규범을 만든다면, 그때는 모든 규범을

돌파하는 특징을 더는 가질 수 없게 된다. 그러니까 문헌학은 수단으로서의 문학, 즉 〔자신의〕 분과학문적 실천을 위해 써 먹을 수 있는 수단으로서의 문학과 **함께** 말하는 것이 아니다. 문헌학이 문학과 **함께** 말하는 것은 다만 문학을 향해서, 문학을 위해서, 그리고 문학 안에서 해방되기를 갈구하는 모든 것의 편에 설 때뿐이다. 문헌학은 가장 무의미하고 가장 무미건조한 우연을 통해 문학의 정서와 촉발을 다시 분절하는 매체다. 따라서 아무리 엄밀한 형식을 갖춘 문헌학이라 해도 조야한 문헌학과 확연히 구별되는 위상을 가질 수는 없다.

문헌학이 문학의 도발에 줄 수 있는 대답은 언제나 폭력에 대한 대답이며, 이 폭력에 대해 문학의 도발은 그 나름으로 대답한다. 이 폭력은 감동, 설득, 치장된 요설에 담겨 거의 인지할 수 없는 것일 수도 있고, 판에 박은 도식과 주제에 따른 특권화를 통해 발생하는 잔학, 협박, 대대적 위협의 폭력일 수도 있다. 이 모든 경우—즉 사드Marquis de Sade의 소설에서 자장가에 이르기까지 모든 것을 아우르는 스펙트럼—에서 문헌학은 결코 그런 폭력을 행사하는 요원이 되지 못한다. 그 폭력을 재분절Reartikulation하는 매체인 문헌학은 그 자신이 환원 불가능한 언어 폭력을 일부 행사하는 경우에도 우선은 그 폭력을 중단시키는 존재다. 사후에 출간된 한 시에서 파울 첼란은 이 중단에 대해 말하고 있다.[12] '1968년 7월 28일'이라는 기록과 더불어 이 시기에 작성된 그의 독서 노트를 통

173

해서도 분명히 알 수 있는바, 이 텍스트는 그가 발터 벤야민의 저작을 강도 높게 독해하던 시기에 쓴 것이다. 이 텍스트는 저 폭력에 대답하면서 동시에 자신의 대답하기 자체에 대해 말하고 있다.

UND WIE DIE GEWALT 그.리.고 폭.력.이.

entwaltet, um 탈력되듯이

zu wirken: 작용하기 위해

gegenbilderts im 반상反像된다, 여기

Hier, es entwortet im Für, 위하여 안에서, 탈언脫言한다,

Myschkin 미쉬킨은

küßt dem Baal-Schem 바알-솀의 외투

den Saum seiner Mantel- 끝자락에 키스했다

Andacht, 기도,

ein Fernrohr 망원경은

rezipiert 수용한다

12   Paul Celan, *Die Gedichte aus dem Nachlaß*(유고 시집), Bertrand Badiou, Jean-Claude Rambach & Barbara Wiedemann(eds.), Frankfurt am Main 1997, p. 214.

eine Lupe. 확대경을.

『독일 낭만주의에서의 예술비평의 개념』의「자연 인식에 관한 전기 낭만주의의 이론」장章에서 벤야민은 낭만주의자들, 특히 노발리스가 대상의 인식을 가능하게 하는 조건들로 무엇을 생각했는가, 라는 문제를 탐구한다. 그 조건들 가운데 벤야민이 결정적인 것으로 꼽은 것은 인식하는 자의 인식이 인식 대상 안에서 성찰된다〔반사反射된다〕는 사실이었다. 인식하는 자의 인식 속에서 대상이 스스로의 인식 대상이 될 때 비로소 인식의 대상은 존재할 수 있다는 것이다. 이는 한편으로 누군가에게 무언가가 보이는 일은 그 무언가가 그 나름으로 자신을 보는 자를 〔이미〕 보고 있어야 가능한 일이라는 뜻이다. 그러나 다른 한편으로 이 말은 오직 자신을 볼 수 있는 존재만이 또한 보여질 수 있다는 뜻이기도 하다. 이에 따르면, 현실은 서로 아무 관계도 맺지 않는, 그 자체로 각각 완결된 모나드의 집합Aggregat으로 이루어질 수 없다. 현실이 현실일 수 있는 것은 오직 현실의 모든 요소가 서로를 되비추는 성찰의 매체Reflexionsmedium가 되고, 또 제가끔 고유한 자기인식을 갈무리하거나 아니면 그 인식을 다른 요소를 향해 방사放射할 수 있는지 여부에 달린 일이다. 그런 고로 벤야민은 자신이 재구성한 인식 이론을 다음과 같이 요약할 수 있었다. "자기인식이 없는 곳에는 어떤 인식도 있을 수 없다. 자기인식이 있는 곳에서 주체-객체의 상호 관계는 폐기된다. 아니 차라리 그곳에는 객체-상관항Objekt-Korrelat이 없는 주체가 존재한다고 말하는 게 좋겠다."[13] 헤르만 코헨Hermann Cohen 의 상관관계-철학Korrelations-Philosophie에 대한 비판일 뿐 아니라 헤겔 변증법을 기계적으로 변주한 철학들에 대한 비판 이기도 한 벤야민의 이 사유는 비단 인간 인식뿐 아니라 이른 바 자연 사물의 인식에 대해서도 동일한 타당성을 갖는다. 자 연의 사물들 역시 인식할 수 있으며, 더 나아가 이들의 인식 은 그들이 완전히 투명하게 인식될 수 있다는 사실에 구애받

13　Walter Benjamin, *Gesammelte Schriften*, Bd. I-1, Frankfurt am
　　Main 1974, p. 56. 첼란이 벤야민의 예술비평 연구서를 소장하고
　　읽었다는 사실은 다음을 참조하라. Alexandra Richter, Patrick Alac,
　　Bertrand Badiou(eds.), *Paul Celan: La bibliothèque philosophique*,
　　Paris 2004, pp. 302 이하. 첼란은 1968년 7월 19일에 두 권으로
　　발간된 벤야민 저작집—예술비평에 관한 연구도 실려 있는—중
　　「대작에 반대하여Wider ein Meisterwerk」라는 글을 읽었다고
　　메모했다(p. 287). 「그리고 폭력이Und wie die Gewalt」를 비롯해
　　바로 이날 첼란이 지은 시들을 보면 벤야민 저작집에 실린
　　낭만주의 비평 연구와 다른 여러 글들에서 모티브를 차용했음을
　　알 수 있다. 가령 "초.대.가ÜBERMEISTER,/너 가장 낮은/위를
　　향한"(Celan, *Die Gedichte aus dem Nachlaß*, p. 215)과 같은 구절은
　　벤야민이 슐레겔의 아테네움 논문 「괴테의 대가에 대하여Über
　　Goethe's Meister」에서 인용한 구절에 대한 대답이라 할 수
　　있다(Benjamin, *Gesammelte Schriften*, Bd. I-1, p. 67). 이 글에서
　　슐레겔은 괴테의 대가에게 "초대가Übermeister"라는 레테르를
　　붙였다. 그리고 이 시는 (벤야민이 말한) 성찰 및 성찰 매체가 가진
　　구조를 따르고 있다.

지 않는다. 노발리스가 의식 없는 사물들까지 참여한다고 보았던 〔만물의〕 상호 규정Wechselbestimmung에 대해 〔보다〕 선명하게 기술하기 위해 벤야민은 노발리스의 다음 소견을 인용한다. "별은 망원경 속에 등장한다. 그리고 망원경을 관통한다. 〔…〕 별은 〔…〕 자발적인 광체光體이고, 망원경이나 눈은 수용적인 광체다."[14]

앞서 인용한 시의 마지막에 첼란이 "망원경은/수용한다/확대경을"이라는 구절을 써놓은 것은 그가 벤야민과 노발리스의 사유를 받아들였음을 뜻한다. 물론 곧이곧대로 수용한rezipiert 것은 아니다. 동시에 첼란은 그 사유를 더 정밀하게 세공한다. 짐작건대, 이때 그는 또 다른 출처를 염두에 두었을 것이다.[15] 이는 여기서 논의되고 있는 인식이 봄과 보

14   Benjamin, *Gesammelte Schriften*, Bd. I-1, p. 58.
15   이와 관련해서는 리히텐베르크의 다음 언급을 생각해볼 수 있다.
       "통찰Scharfsinn이 확대-경Vergrößrungs-Glas이라면, 재치Witz는
       축소-경이다. 그런데 당신들은 확대-경으로 발견한 사실들을
       그대로 믿는가? 나는 지식-세계Intellektual-Welt에서는 〔오히려〕
       축소-경으로, 아니 적어도 축소-경과 유사한 도구를 통해 더 많은
       발명이 이루어졌다고 믿는다. 육안이나 거꾸로 된 관管, Tubum을
       통해서는 달이 마치 금성처럼 보인다. 금성은 오직 제대로 된 관을
       통해서만 제대로 보인다. 싸구려 오페라 안경으로는 플레이아데스
       성단이 마치 성운의 중심별처럼 보인다. 아마도 바로 이 때문에
       아주 아름다운 나무와 풀 들로 뒤덮인 이 세계는 우리보다 더 높은
       존재들〔별〕을 곰팡이처럼 여기는 것 같다. 가장 아름다운 별자리를
       가진 하늘이 뒤집힌 망원경을 가진 우리에게는 텅 비어 보이는
       것이다"[D 469](G. Ch. Lichtenberg, *Schriften und Briefe*, Bd. 1,

여짐의 상호 관계라는 사실, 다시 말해 자기-감염과 자기-수용을 동시에 거느린 상호 관계라는 사실을 더 분명히 보여주기 위함이었다. 여기에 속한 〔각각의〕관계항Relatum들은 서로를 통해 증대되거나 감소될 수 있고 또 강화되거나 약화될 수도 있다. 첼란의 텍스트는 여기서 타자의 텍스트—특히 이것은 벤야민의 텍스트, 즉 이미 그 자체로 적어도 하나 이상의 다른 텍스트를 수용하고 인용하는 텍스트다—를 인용하고, 또 인용하면서 수용하는데, 이로써 이 텍스트 자체가 타자의 텍스트에 의해 수용되고 인용되는 것으로서 현시된다. 첼란의 텍스트는 자기를 보편화하면서 동시에 응축시키는 인식의 사건, 자아와 타자가 상호 침투하는 인식의 사건에 참여한다. 첼란의 텍스트는 인용을 변주한 인용을 통해 문헌학적 인식을 위한 성찰의 매체가 된다. 이 매체 속에서 첼란의 텍스트 자체가 인식된다. 그런데 이 운동 속에서 첼란의 텍스트는 벤야민이 앞서 인용한 글의 바로 뒷부분에서 **성찰의 무차별 지점**이라고 부른 것이 된다. 첼란 자신도 탈력脫力하는 폭력에 대해 이야기하는 시를 쓴 바로 그날 벤야민과 거의 흡사하게 **성찰의/무차별 지점**이라는 구절을 적었다.[16] 이 지

Wolfgang Promies(ed.), München 1968, pp. 301 이하). 이 글에 대해 알려준 클라라 헨드릭스Clara Hendriks에게 감사의 말을 전한다.

16   Celan, *Die Gedichte aus dem Nachlaß*, p. 213. "너, 미.하.엘.라, 〔…〕너, 아우라, 〔…〕너 알면서-모르는 자,/성찰의/무차별 지점에서/〔…〕."—바바라 비데만Barbara Wiedemann이 첼란의

점은 바로 근원적인 자기감염으로서 성찰이 **무로부터 발원하는**aus dem Nichts entspringt 곳이다.[17] 무 아닌 다른 무엇에서 성찰은 발원할 수 없다. 왜냐하면 성찰이 곧 대상의 생성이며 대상에 대한 인식의 생성이기 때문이다. 그러나 이 양자는 절대적으로 아무런 전제도 갖지 않는 것, 따라서 대상이 〔아직〕 대상이 아니고 인식이 〔끝내〕 인식이 아닌 곳, 심지어 존재 자체가 아예 없는/아닌 곳에서 시작되어야 한다. **성찰의/무차별 지점**, 이것은 인식하는 자가 〔거꾸로〕 인식되고 또 인용하는 자가 〔도리어〕 인용되는 중에 건드리게 되는 것이며, 그러므로 자기성찰, 자기감염, 자기인용Selbstzitation이 무력해지는 지점이기도 하다. 첼란은 이 시에서 **무차별 지점**에 바로 뒤이어 행간 도약Enjambement을 감행함으로써 이 점 자체를 쪼개버린다. 그러니까 이 점은 언어와 이미지의 일시 정지Pause이고, 양자의 폭력의 수습Aussetzung이며, 성찰을 산출하는 성찰 불가능한 간격이다. **무로부터의**ex nihilo 자기생산—이것은 무의 자기제한, 즉 무〔아닌 것〕에 대항하는 아니Nicht로 해석될 수 있다—은 자체 중단으로부터의 생산으로서만 가능하다. 첼란의 시가 폭력의 탈력Entwalten과 반상Gegenbild

『주석판 전집』을 편집하면서 '성찰'과 '무차별 지점'에 대해 해명하기 위해 생리학을 언급한 것은(Frankfurt am Main 2003, p. 968), 이 구절이 가진 벤야민과의 연관성을 통해 평가절하되는 것이 아니라 오히려 더 의미심장해진다.

17   Benjamin, *Gesammelte Schriften*, Bd. I-1, p. 63. 또한 p. 39 참조.

과 탈어脫語, Entworten에 대해, 즉 작용하기와 인식하기와 말하기라는, [오직] 정지 상태에서 수행되어야 하는 세 가지 환원 불가능한 양상에 대해 말하는 것은 바로 이 때문이다.

"그리고 폭력이/탈력되듯이/작용하기 위해." 이 시구는 [독일 낭만주의] 예술비평 연구에서 벤야민이 운위한바 스스로 중단하는 자기감염을 명제의 형태로 정리한 것이며, 더 나아가 벤야민이 「폭력 비판을 위하여」 및 이를 재활용한 역작인 카프카론에서 선보인 사유의 행보를 오롯이 뒤따르는 것이기도 하다. 폭력이 무언가에 대한auf 폭력일 수밖에 없다면, 그것이 설령 지고의 폭력이라 하더라도, 모든 폭력은 자기를 억제해야 하며 또 억제된 형태로라도 행사되어서는 안 된다. 첼란이 쓴 것과 달리 폭력이 자기를 탈력시킬entwalten 수 없다면, 폭력은 할 수 있는 범위 내에서 그야말로 모든 것을, 심지어 자기 자신까지도 절멸시킬 것이다. 자기를 보존하기 위해서 폭력은 자기를 억제해야 한다. 자신마저 절멸시키는 폭력이라는 역설로부터 또 다른 역설, 즉 [스스로] 탈력하는 폭력이라는 대항-역설Gegenparadox이 생겨난다. 이 폭력 외에 다른 어떤 폭력도 작용할 수 없다. 왜냐하면 다른 어떤 폭력도 무언가를 위한für 폭력일 수 없기 때문이다. 진정한 폭력, 정말로 작용하는 폭력이 있다면, 그것은 오직 자신과 타자를 위해, 그리고 타자로서의als 자신을 위해 스스로 멈추는 폭력일 수밖에 없다. 자신에게 대항하는 폭력만이 작용

180

할wirkt 수 있다. 이것은 단순히 이 폭력이 효과를 발휘한다는 뜻이 아니다. 이것은 마치 우리가 옷감을 마르고 양탄자를 짜며 텍스트를 엮는 것처럼, 이 폭력 역시 그렇게 작용한다는 뜻이다.

이어지는 시구들은 이 구조적 가정으로부터 다음과 같은 결론을 끌어낸다. 즉 모든 '여기Hier'—시의 '여기'뿐 아니라 시를 읽는 모든 독자의 '여기' 혹은 시에 대한 문헌학적 해명을 하고 있는〔지금〕 '여기'까지를 포함한—에서 이념의 폭력, 이미지의 폭력, 표상의 폭력, 언어-이미지의 폭력, 그리고 수사적 비유의 폭력은 애초에 자신을 폭력으로 존재하게 하고 작용하게 했던 내재적인 대항-폭력Gegen-Gewalt에 맞닥뜨릴 수밖에 없다. 오직 반상反像만이 하나의 상像을 이미지로 만드는 저항을 가능하게 한다. 그러나 단연코 이 반상은 기존의 여느 이미지와 대비 혹은 반대 관계에 있는 또 하나의 이미지일 수 없다. 반상이 반상일 수 있는 것은 오직 그것이 이미지의 구상성Bildlichkeit, 수사적 비유의 비유성Figuralität을 논박하고, 양자를 지양하며, 비구상적인 것과 비非비유적인 것을 개시할 때뿐이다. 이미지와 비유와 도식이 지닌 구상성—과 더불어 전형성 및 모방성, 즉 규범적 성격과 모방적 성격—에 대한 논쟁은 직관의 무제한 폭력에 복속되지 않는 것, 즉 스스로 탈상脫像하는entbilden 역설적인 이미지를 전면에 등장시킨다. 이 이미지를 산출하는 방법을 벤야민은 비

181

평Kritik이라고 불렸다. [독일 낭만주의 예술비평 개념에 대한] 연구의 결미에 그는 비평에 대해 이렇게 적었다. "비평은 하나의 이미지를 통해 작품을 눈부시게 [빛나도록] 만든다. 이 눈부심이 […] 이념이다."[18] 벤야민에게 이념은 이미지도 전형Vorbild도 아니다. 오히려 그것은—플라톤에게 그런 것처럼[19]—직관의 차광遮光, 이미지의 제거다. 그러나 눈부심에 관해 말하는 행위는 눈부심에 의해 가려진 이미지, 그러니까 그렇게, 역설적으로, 제 눈을 멀게 하는 이미지에 붙들려 있는 것이기도 하다. 이념Idee이 이념Idee을 제거하듯, 그것은 "'여기'서/반상된다." "여기"는 완전히 이념적이고 반-이념적인anti-ideelle 장소로서, 이곳에서 모든 말은 자신에게 맞선다. 이런 의미에서 탈상하는 것—'반상하는 것'—은 비단 벤야민의 역설적인 이미지Bild, 즉 이념을 통해 이미지(와 형상eidos과 작품 [일체])를 눈부시게 만드는 이미지만이 아니다. 확대경을 수용하는 망원경의 이미지 역시 '반상한다.' 이것은 어떤 대상이 아니라, "접수接收," 수용, 잉태Empfängnis를 나타낸다. 그리고 "수용적rezeptiv"이라는 말은 '생산적' '능동적'이라는 말과 대비되고 반대되는 말로 쓰일 수 있으므로, 그것은 또한 현미경 관찰과 망원경 관찰을 혼융시키는 이미지-형성 과정Bild-Bildungsprozeß 속에서 [발생하는] 수난受難, passio

18   같은 책, p. 119.
19   플라톤, 『파이돈』, 99e를 참조하라.

182

을 나타낸다. 근경이 원경에 수용되고 양자가 교차하는 지점은 그들의 **무차별 지점**으로서, 이것은 직시하기Anschauen 자체의 구조에 따른 직관 외에 다른 것은 허용하지 않으며, 이미지를 산출하는 이미지, 즉 '반상하는' 이미지 외에 다른 이미지는 허용하지 않는다. 어떤 직관이나 **이론**theoría도 가까움이 멂을, 그리고 멂이 가까움을 영접하는 이 과정을 설명할 수 없다. 왜냐하면 이들의 관계는 전적으로 비직관적, 비이론적인 것으로서 모든 직관과 모든 이론을 앞지르기 때문이다. 시선을 중단시킬 때 비로소 볼 수 있는 무언가가 생겨난다.

그리고 이는 말의 경우도 마찬가지다. 말이 반대말을 발견하는 곳, 말의 권역 내에서 형태론적 혹은 의미론적으로 상반되는 입장을 갖는 말이 아니라, **말로서**의 말 자체에 대항하는, 말의 〔근본〕 특성 및 그것의 절대적 강요Diktat에 맞서는 반대말을 발견하는 곳, 그러니까 말의 폭력이 '탈력Entwaltung'에게 굴복하는 곳, 오직 그곳에서만 말은—**탈언하면서** entwortet—말할 수 있고 말로서 작용할 수 있다. 말은 자체적으로 완결된 단위, 〔외부와의〕 관계가 없는 단위로서 작용하고 말할 수 없다. 오직 무언가를 **위해**für 말하고 무언가를 **위해**für 작용할 때만 말은 말할 수 있고 작용할 수 있다. 즉, 타자를 위해서 말이다. 그가 언어의 영역에 속하든 그렇지 않든 상관없다. 자신의 위하여Für 안에서만 말은 말한다. 그러니까 말은 오직 자신과 구분되는 것, 자기에게서 멀어진 말로서만 말한다. 위하여für가 존재한다는 사실에 의해, 즉 자기를 회피할 때, 비로소 말은 말이 된다. 위하여Für 안에서 자기를 탈언해야만 말은 말할 수 있다. 그리고 그것이 말하는 것은 항상 어떤 위하여의 의미를 갖는다. 타자를 옹호하며 타자를 향해 서는 위하여. 위하여의 탈언은 단순히 하나의 말을 다른 말로 대체하거나, 아니면 그것을 결국에는 〔또 다른〕 말로 지시되어야 하는 어떤 의미로 대체될 수 있는 성격을 갖지 못한다. 또한 '탈언'은 말을 하나의 단순한 행위, 어디까지나 말에 의해 견인되는 행위로 변화시키는 것일 수도 없다. 탈언은 말의 말로서의 성격, 즉 언어로서의 성격, 그리고 그것이 주장하는 토대로서의 자격을 남김없이 타격한다. 생각되거나 실제로 쓰인 모든 말 앞에서vor, 발화되거나 글로 쓰여진 모든 말 앞에서vor 탈언은 선험적으로 언어의 성격을 말이 아닌 타자에게, 즉 말에 의해 인도되거나 정초되지 않는 타자에게 내맡긴다. "위하여 안에서 말은 탈언한다"는 문장, **이렇게 표현해도 된다면**sit venia verbo, 탈문장하는entsatzen 문장에 의해 인식과 언어와 행위에 대해 로고스/논리가 가진 우위와 원칙은 무력해진다. 이 문장이 옹립하는 **위하여**Für는 **태초에 말씀이 계셨다**en arche en o logos는 「요한복음」의 첫 문장이 상정하는 로고스, 즉 존재신학의 근본 어휘에 맞서는 반대말이다. 태초에 말〔씀〕이 있었던 것이 아니다. 위하여가 태초에게 그리고 말〔씀〕에게 〔먼저〕 도래한 것이다. 따라서 시작도 말〔씀〕도

184

없는 곳에서 이미 위하여는 어떤 대항 운동―탈脫, ent―을 진행시키고 있었던 것이다. 이 운동은 말을 말의 시원arche, 말의 토대 그 자체, 말의 주권과 폭력, 심지어 말의 용법으로부터도 멀리 떨어뜨린다. 말이 말에게 도래할 때, 그것은 항상 '위하는 말Für-Wort'로부터 오는 것이며 또한 위하는 말에게 도래하는 것이다. 그리고 그것이 말을 위한 말인 경우에도, 그것은 언제나 다른anderes 말을 위한 말, 애초부터a limine 말 없는 '말'을 위한 말이다. 언어의 왕국Monarchie은 미처 시작되기 전에 이미 사라진다. 위하여Für로부터 도래하는 언어는 접-원接源, an-arche이다.

　　말 안에서 내재적으로 말을 중단시키는 행위는 말을 타자의 옹호자와 변호사, 그 어떤 말〔의 집〕에도 유숙留宿하지 않는 타자의 대변자〔위하여-말하는 자〕Für-Sprecher가 되게 만든다. 이 말은 스스로 탈언하기entwortet 때문에 자신의 폭력에 대해 '탈력Entwaltung'으로 먼저 대-답한다antwortet. 첼란의 위하여Für는 여러 전치사 가운데 하나가 아니다. 그것은 절대적인 전치사, 다른 모든 전치사에 선행하면서 이들을 가능케 하는 전前-전치사Prä-Präposition다. 이것은 문법론이 설명하는 "대명사Fürwort"가 아니다. 자신이 대리할 어떤 단어도 갖지 않은ohne 〔그냥〕 "위하여für"다. 모든 말에 앞서 있고vor, 심지어 자기에게도 앞서 있는 "위하여." 그러므로 이 "위하여"는 결코 말이 아니다kein. 이 "위하여" 안에서 모

185

든 말—심지어 "위하여"라는 그 말조차—은 능동적인 동시에 수동적인 방식으로 **탈언한다**entwortet. 말을 위한für 말—즉 말과 언어 일반을 위한 말—은 그 자신이 언어의 말이 될 수 없다. 오히려 언어 자체가 **탈언되고**entworteten **탈언하는** entwortenden 위하여의 언어가 되어야 한다. 그것은 절대적인 서-문Vor-Wort으로서 다른 모든 말에 앞서-있는-말Ante-Wort, 이미 알려졌거나 아직 알려지지 않은 모든 말을 위한 말이다. 따라서 특정한 역사적 언어, 가령 독일어의 **여기**Hier에서 위하여는 〔앞으로〕 도래할 언어의 가능성, 더 나아가 비단 언어의 가능성뿐 아니라 모든 말과 언어를 넘어서는 어떤 사건의 가능성에 대한 가장 급진적인 대답, 압嚞급진적subradikale 대답이다. 위하여는 서-문이자 대답이다. 이 대답은 여기 안에서 여기와는 다른 여기를 위하여 말하며, 이와 마찬가지 방식으로 국부적 질서 개념 일체를 **탈처**脫處, Entortung시키기 위해 말한다. 첼란 시의 "위하여"는 말이 아니다. 이 위하여 안에서 말은 "탈언하고," 자기를 "탈언시킨다." 더불어 자신이 **위하는**für 다른 모든 말, 그 앞에서vor 그가 말할 수도 있었을 다른 모든 말을 탈언시킨다. 언어와 그것의 기능 및 작동 전체를 탈언하면서 위하여는 다른 모든 말의 권좌를 찬탈한다. 그것은 파렉바제를 무한으로 증폭시키는 보편적 기생충이자 언어의 총체성에 대한 구조적 패러디다. 그러나 위하여는 또한 말이기도 하다. 아직 **빠져** 있는 모든 말—"위하여"라는 말

까지 포함해서—을 위하여 버텨주는 말, 비폭력적이지는 않
지만 그래도 탈력시키는 방식으로 먼저 말하고 미리 말하며
〔그들을 위해〕자리를 마련하는 말이다.

위하여Für는 단어-개방적wortoffen 어휘Vokabel, 비장소적
공간Spatium, 선先언어적이고 친親언어적인〔대변자적인〕제
스처다. 이것의 관심Zuwendung 및 절제Zurückhaltung 〔양상〕에
따라 〔비로소〕언어로 존재하는 모든 것이 가능해진다. 말할
수 있는 모든 것에 대한 서-문이자 대답이며 반대말인 위하
여는 비단 말해지지 않은 것뿐 아니라 말할 수 없는 것의 편
에 서서 말한다. 타자를 위하여, 타자에 반反하여, 그리고 언
제나 다르게 말하는 위하여는 결국 아무것도 아닌 것을 위하
여, 아무도 아닌 자niemand를 위하여 말하는 것이다. 그러니
까 위하여는 "위하여"를 의미한다. 하지만 바로 그 자신이 위
하여 안에서 탈언하는selber entwortet im Für 고로, 그것은 또한
"위하지 않는nicht für," 즉 "탈-위하여Ent-Für"를 의미하기도
한다. 위하여 안에서 언어는 자신에 대항하여 말하고, 자신의
침묵Stummheit을 위하여 말한다. 그러나 침묵이 언어 바깥에
있고 그래서 언젠가 어떤 말이 그에 상응할 수 있으리라 여겨
서 그런 것이 아니다. 오히려 언어는 탈언의 사건에 자기를
내맡기는 방식으로 말한다. 즉 침묵과 함께mit, 침묵에 의해
aus, 침묵을 향해zum 말하는 것이다. 위하여Für—언어—는
말한다. 위하여는—언어 바깥에서—침묵한다. 위하여는 변

이한다. 모든 의미에서, 그러니까 어떤 말로도 파악할 수 없는 변이mutum까지 포함하는 의미에서, 위하여는 언어의 돌연변이다.[20]

　챌란의 시는 위하여 안에서 말—"위하여"라는 이 말까지 포함해—이 **탈언한다**는 사실을 공시하는 것이 아니라 해명하는 것이다. 여기서 '탈언하다'라는 신조어는 기생명寄生名, Paronomasie, 즉 별명, 가명, 이명으로서 '탈가치화되는 entwertet' 것과 '대답되는antwortet' 것을 동시에 말하고 있다. 이를 통해 그것은 이들에게서 독립적인 단어로서의 성격을 박탈하여 단어로서 기능하지 못하게 만든다. 왜냐하면 말의 중단을 말하는 바로 이 '말'—**탈언하다**—안에서 사실상 〔말이〕 탈가치화되는 동시에 대답되고 있기 때문이다. 위하여는 또한 민족어에서 운위되는 문법적 명사, 즉 유일무이한 단어로서 말하는 것이 아니다. 그것은 ~**만큼**au fur et à mesure 혹은 ~**에 따라서**au fur à mesure와 같은 숙어에서 사용되는 프랑스어 **퓌어**fur와 동음이의어로 읽힐 수도 있다. 이 〔프랑스어〕 표

20　이 돌연변이에 관한 더 상세한 논의는 나의 다음 논문을 참조하라. Werner Hamacher, "Häm—Ein Gedicht Celans mit Motiven Benjamins," Jens Mattern, Gabriel Motzkin & Shimon Sandbank(eds.), *Jüdisches Denken in einer Welt ohne Gott. Festschrift für Stéphane Mosès*, Berlin: Vorwerk 2001, pp. 173~97. 〔다음의 책에 재수록되었다: Werner Hamacher, *Keinmaleins. Texte zu Celan*, Frankfurt am Main 2019, pp. 13~55〕.

현은 단지 '~에 따라서' 혹은 '~와 같은 정도로'의 뜻만을 갖는 것이 아니다. 이것은 또한 '일치하다entsprechend'라는 의미도 갖는다. 그런데 이 '일치하다'라는 말은 접두어를 약간 변형 시키면 '탈-화話하는ent-sprechend'으로 읽힐 수 있고, 더 나아 가 첼란의 시에서처럼 "탈언하다"로 변형될 수도 있다. 프랑 스어 퓌어fur의 번역어로서 위하여Für는 일치를 표현하는 말 이지만, 이것은 동시에 탈언을 표현한다. 그런데 이 말은 단 순히 일치와 탈언을 표현하는 데 그치지 않고 한발 더 나아가 양자를 실행한다. 왜냐하면 이 말 자체가 번역의 사건인 동시 에 상이한 두 언어를 넘나드는 이행으로서 제시되었기 때문 이다. 위하여Für를 말할 수 있고 들을 수 있는 것은 오직 이 말 안에서 하나의 언어가 다른 언어와 일치하기 때문이다. 그런 데 이 일치는 한 언어에 속한 말이 다른 언어에 속한 말을 매 번 탈언시킴으로써 일어나는 일이다. 게다가 프랑스어 퓌어 fur가 이미 '말하다'라는 뜻의 라틴어 'fari'에서 파생된 단어다. 〔그러니까〕 이것은 말을 위한 말, 언어 일반을 위한 말이다. 그러나 동음의 위하여Für로 변형됨으로써 이 말은 하나의 말 에서 다른 말로 이행하는 말을 위한 말, 어떤 이행을 위한 말 이 된다. 이 이행 속에서 하나의 말은 다른 말에게 대답을 주 지만, 이 대답은 오직 이 말이 타자〔프랑스어〕도 아니고 그렇 다고 자신〔독일어〕도 아닐 때만 주어질 수 있다. 퓌어fur와 위 하여Für 사이의 이행은 전자와 후자, 즉 프랑스어와 독일어

189

모두를 탈언시킨다. 왜냐하면 그것은 두 언어를 **성찰의/무차별 지점**으로 수축시키기 때문이다. 따라서 위하여 혹은 퓌어는 단순히 언어를 위한 말이 아니다. 이것(들)은 서로를 인용하고 성찰하며 또한 서로를 위하여 말하면서 서로의 말을 빼앗는 상이한 언어들 사이에서 벌어지는 운동을 위한 말이다. 이 말은 언어들 사이에서 벌어지는 탈언을 위한 말이며 자유로운 **허무nihil**를 위한 말이다. 무차별 지점에 대한 벤야민의 해석에 따르면 언어는 〔바로〕 이 허무로부터 발원한다. 위하여/퓌어는 상이한 언어들이 서로를 위해 더불어 말하는 곳, 따라서 어떤 단일한 언어도 말해질 수 없는 곳, 그러니까 빈 자리와 빈 언어를 위한 말이다.

그러므로 언어의 위하여-구조**Für-Struktur**는 최소한 사중의 의미에서 이해할 수 있다. 그것은 타자를 **대리Substitution**하는 뜻에서 말하며, 이 타자의 자리를 지키고 보좌하는 역할을 한다. 따라서 오직 타자의 **편에서zugunsten** 말하고 그에게 다가서며, 그가 자기를 멀리하고 밀어내며 쫓아낼 때조차 타자를 위하는 한에서만, 언어는 타자의 대리자일 수 있다. 타자의 편에 서는 대변자로서의 언어는 항상 타자를 향해, 그에게로 넘어가는 길 위에 있으며, 그런 점에서 타자를 향한 **초월Transzendenz**의 운동이다. 그러나 언어의 위하여 안에서의 넘어서기**Hinübersein**란 그 자체로 실증적 사실로 간주될 수도, 기존의 또는 기대 가능한 말로서 운위될 수도 없다. 그것은 언어-격조隔阻적sprachfern이지만 또한 아마도 언어-개방적일 sprachoffen 타자성으로 건너가는 것이어야 한다. 이러한 넘어서기는 공허로 귀착되어야 하며, 운위된 모든 말을 넘어 운위되지 않은 말과 운위될 수 없는 말에게까지 효력을 미쳐야 한다. 또한 그것은 항상 아무(것)도-아닌-위하여Für-Nichts-und-Niemanden, 언어를 넘어서는 운동, 즉 탈존Exzendenz으로서 언어의 탈언이어야 한다. 위하여의 이 네 가지 특징이 없다 해도 언어는 아마 미리 규정된—그런데 이 규정은 누구에 의해, 어떻게 내려진 것일까?—장場 내부에서 명명하고 언명할 수 있을 것이다. 그러나 그 언어는 운위 가능한 것의 장을 개시할 수도, 타자성에 부합할 수도 없다. 즉 기획할 수 없는 미래와 〔기존에〕 자신이 운위한 말의 가능적 운위 불가능성에 부합할 수 없는 것이다. 오직 이러한 사중의 의미에서만 위하여는, 비단 현전하는 것만을 등록하고 소통하는 데 그치는 것이 아니라 어떤 언어의 어떤 말로도 결코 붙잡을 수 없는 것—이것은 심지어 그 자신 안에도 존재한다—에 관심을 쏟는 언어를 위한 말이 된다.

위하여Für가 언어 전체의 운동 및 각 요소들의 운동을 구조화하는 것이라면, 이 운동은 타자에게 다가서고 그에게 달려들며 또한 그를 넘어서는 사랑philía의 운동이다. 그리고 위하여Für가 전체와 모두를 위해 말하지만 그런 탓에 그 자신은 전체와 모두가 될 수 없고 또 어떤 전체에도 속할 수 없듯이, 필리아 역시 자신이 애써 가고자 하는 곳의 가장 먼 외곽, 아니 바깥에서만 움직인다. 위하여, 필리아는 언어 안에서 문헌학이 하는 운동이다. 슐레겔이 명명한바 문헌학은 **논리적 정서**, 다른 언어, 언어가 아닌 타자를 위한 정서다. 그들을 향한 애착, 갈망 혹은 **격정**furor이다. 삼가는가 하면 솟구치고, 허둥대는가 하면 느긋해지는 이 정서는 그러나 어쨌든 항상 넘어가는 운동이다. 하시디즘의 기도 세계Andachtswelt를 대하는 문헌학은 마치 도스토옙스키의 '백치'와도 같다. 즉 그 세계를 너무 사랑하지만 다만 말없이 문턱을 서성이며 스치고 지나갈 뿐 결코 붙잡지 못하는 것이다. "미쉬킨은/바알-셈의 외투/끝자락에 키스했다/기도." 바로 이 키스가 문헌학의 제스처다.[21] 그것은 **끝자락**Saum, 극단, 가장 바깥의 것을 건드린다. 그러나 자족적인 사유의 끝이 아니라 다른 이의 **기도**Andacht의 끝을 건드리는 것이다. 그런데 기도 또한 그것

---

21   이 구절에서 하시디즘 랍비의 기도 외투의 끝자락에 키스하는
      기독교도의 모습은 부버Martin Buber의 『바알 셈의 전설』에서
      유래한 것이다. 이 모습이 카프카가 「태만한 자」에 대해
      숙고하면서 적어둔 유명한 메모를 상기시킨다는 점은 주목할
      만하다. "나는 키르케고르처럼 이미 무겁게 가라앉고 있는
      기독교의 손에 이끌려 삶으로 온 것이 아니며, 시온주의자처럼
      기독교에서 도망치는 유대교의 기도 외투Gebetmantel의 끝자락을
      붙잡지도 않았다. 나는 끝이거나 시작이다"(Franz Kafka,
      Nachgelassene Schriften und Fragmente II, Jost Schillemeit[ed.],
      Frankfurt am Main 2002, p. 98).

대로 가장 바깥이다. 즉 [믿음의] 외투Mantel인 것이다. 문헌학의 '사태 자체Sache selbst'는 바로 이 모서리An다. 대상에 대해 냉철한 거리를 유지하게 해주는 인식론적 규준과 규칙 들로 무장하여 그것을 규정하기 전에 이미 문헌학은 접촉하고 있다. 아니, 문헌학 자체가 이미 접촉이다ist. 하나의 사태, 하나의 언어와의 접촉. 이 언어는 다름 아닌 바로 그 접촉, 스침, 감염에 의해, 그 끝자락, 끝자락의 끝자락, 그중에서도 가장 미미한 부분Versäumnis에 의해 생겨난다. 문헌학은 언어를 위한, 언어의 위하여를 위한 대변자다. 문헌학은 사유를 스치는 an, 사유의 모서리An를 건드리는 기념記念, Andenken이다. 문헌학은 타자를 위하여 그의 모서리An- und Für-Anderes를 건드리는 운동이며, 헤겔의 절대지 안에서 펼쳐지는 즉자-대자An- und Für-Sich 경험을 접어 올린 뒷깃Revers이다. 이것은 절대 언어와 그것의 마감Absolvenz으로 구성되는 운동을 꿰뚫는다.

불feu에 관한 르네 샤르의 단편처럼 위하여에 관한 첼란의 텍스트 역시 시론적[논리-제작적]poetologisch 시작詩作이 아니라 문헌-학적[헌-논리적]philo-logisch 시작이다. 첼란의 시는 자기를 써 나가며, 문헌학을 모서리An와 위하여의 운동, 즉 향하여ad의 운동으로 묘사한다. 이것은 언어의 운동 및 언어 안에서 파악된 것의 운동 전체를 코드화하려는 초월 문헌학이 아니다. 그것은 완결된 언어적 총체성이 가진 가능성의 조건들 곁에 머무르지 않는다. 그것은 언어가 현실 속에

서 작용하기 위한 선결 조건들Vor-Bedingungen을 추적한다. 그
것은 직물Textur의 끝자락에서 작용하는데, 이로부터 전체가
성립할 수 있다. 따라서 문헌학은 전체—작품—를 마치 끝
자락처럼als 대한다. 문헌학은 통용되는 언어 형식들에 굴복
하지 않는다. 그것은 오히려 그것들의 정황에 개입한다. 기
생명寄生名을 통해 대답하기Antworten를 탈언하기Entworten로
변화시킴으로써, 그리고 이 변화와 더불어 말의 단순한 변주
가 아니라 말의 철회Entzug를 언어화함으로써 말이다. 문헌
학은 모든 말이 저마다 다른 말에게 열려 있고 또 모든 말은
말 아닌 〔어떤〕 것에 열려 있다는 사실을 분명히 한다. 문헌
학은 다른 모든 가능한 학문을 지도하거나 포괄하는 학문으
로서가 아니라, 하나의—매양 독특한—실천, 위반과 일탈
을 통해 지식의 영점—성찰의 근원 지점과 무차별 지점—으
로 이끄는 실천으로서 자신을 내보인다. 이 지점에 다다르면
관습에 기대어 은폐해왔던 모든 것들이 훤히 드러날 뿐 아니
라, 지식—혹은 지식의 지식—으로 등재되게 해달라는 요구
들도 잦아든다. 문헌학은 형식들, 폭력과 언어와 이미지의 초
월적 형식들을 위해 말한다. 그러나 이렇듯 형식들을 위해 말
하지만, 문헌학은 그들 안에서 혹은 그들에 따라 말하지 않
는다. 오히려 그들에게 항변하고 반상反像하며gegenbildert 〔도
무지〕 자신을 내주지 않는다. 그래서 문헌학은 대항-초월적
kontratranszendental 문헌학, 초월을 스치는, 초월을 위하는, 초

194

월을 향하는ad 문헌학으로 남는다. 이것은 〔기존에〕 공시된 모든 초월적 문헌학, 〔기왕에〕 기획된 모든 문헌학을 앞서가야 한다. 문헌학은 절대적인 '형식,' 모든 형식을 비판하는 '형식'이다. 벤야민이 썼듯이, 이는 형식의 차광으로서, 그 자체로 어떤 형식도 보전하지 않으며 또한 상위의 〔다른〕 형식에 의해 규정될 수도 없다. 만약 이것을 초월 문헌학으로 특징지을 수 있다면, 그것은 오직 포에지Poesie〔시〕에 관한 슐레겔의 정의에 부합하는 형태로만 가능할 것이다. 즉 시의 행위와 규칙을 산출하는 조건들의 총체에 다다르려는 목표에 도달하지 못하고 언제나 도상途上에 있는 **진보적**progressive 포에지로서만 가능한 것이다. 작용하기 위해서 폭력이 **탈력하듯이**entwaltet, 문헌학 역시 행위하지 않는다. 특히 "연기처럼 **performativ**" 행위하는 법은 결단코 없다. 그것은 〔다만〕 탈행脫行한다enthandelt. 문헌학은 단지 행위 관습을 더 공고히 하는 발화 행위 따위를 수행하는 것이 결코 아니다. 오히려 문헌학은 모든 관습을 무력화하는 탈-화Ent-sprechung의 사건을 진행시킨다. 그러니까 문헌학은 이미 '처리된behandelt' 대상과 주제와 역사에 대충 기대는 〔기존의〕 방식, 우리가 오랫동안 아무 의심 없이 "해석"이라 불러왔던 방식을 〔철저히〕 유보함으로써 개별 행위를 물시勿施한다. 문헌학은 또한 자신의 활동을 통제하는 행위 규칙들을 물시한다. 그 규칙들을 역사적 변수로 간주하여 더 폭넓은 변화, 변형, 삭제 과정에 내맡

195

기는 것이다. 문헌학은 형식 자체를 형식의 해체와 겸음으로써 작용한다wirkt. 그러므로 문헌학은 횡-형식적*transformativ*이고, 향-형식적*ad-formativ*이며, 탈-형식적인*aformativ* 운동이다. 대변자적 실천Praxis으로서 문헌학이 보편화에 관심을 가질 수 있으려면 우선 자신이 어떤 초-보편자Über-Allgemeines —이것은 단독자일 수 있다—를 위하여 말한다는 점을 분명히 해두어야 한다. 또한 자신이 관심을 쏟는 개별 현상들에 대해서도 문헌학은 항시 다음 사실을 강조해야 한다. 즉 개별 현상들은 〔결국〕 초-개별자Über-Individuelles를 위하여 작용하는 것이다. 설령 그것이 보편화를 거부하는 것일지라도 말이다. 문헌학의 모든 제스처에서 중요한 것은 위하여Für이고, 넘어-서기Darüber-hinaus이며, 또한 모든 위하여에서 중요한 것은 위하여를 계속해나가는 것이다. 가장 작은 방향으로든 가장 큰 방향으로든 모든 것을 무한하게 만드는 작업을 변호하는 자가 바로 문헌학이다. 모든 것을 위하고 무無를 위하는 문헌학은 모든 것과 무 이상의mehr 것이다. 즉 문헌학이야 말로 모든 것과 무를 가능케 하지만, 동시에 그것은 모든 것과 무를 타자에게 개방하며 이를 통해 기존과는 다른 위하여로 타자를 위해 말할 수 있는 가능성을 개시한다.

위하여 안에서 행해지는 탈언하기에 관한 첼란의 말은 벤야민이 독일 낭만주의 예술비평 개념 연구 및 폭력 비판론에서 행한 고찰에 주는 대답에 그치지 않는다. 또한 그것은

196

도스토옙스키의『백치』나 하시디즘의 전설 그리고 노발리스의 단편에 대한 대답에 그치지도 않는다. 그것은 동시에 첼란이 자신의 텍스트에 쓴 모든 말에 대한 대답이며, 그런 한에서 언어 전체에 대한 대답이다. 이미 말해진 말을 다른 맥락으로 옮김으로써, 또 그렇게 변형된 말을 다시 그냥 말하기와 계속 말하기에 넘겨줌으로써, 그리고 이를 통해 벤야민과 도스토옙스키와 노발리스가 본래 의도했던 것과는 다른 의미를 위한 공간을 〔첼란 시〕 자신의 위하여에게 마련해 줌으로써, 그것은 비로소 말한다. 다른 언어들—가능 독자의 언어를 포함하여—을 위해 말하고 자기 안에 있는 말의 폭력에 대항하여 말하므로, 첼란의 말은 언어와는 다른 것을 위해 말하는 것이다. 첼란이 도모한 문헌학은 타자에게 대답하는 문헌학이며, 다른 타자의 편에서 탈언하는 문헌학이다. 문헌학의 탈언하기는 침묵에게 언어를 누설하는 것이 아니다. 그것은 언어 구조의 끝머리에서 언어가 그저 하나의 언어 혹은 한 명의 화자의 언어이기를 그치고 타자를 위한 언어, 나아가 다른 타자를 위한 언어가 될 수 있는 길을 트는 일이다. 이 길에서 자신과는 다른 무언가에게 〔또〕 다른 언어로 통하는 문을 열어주기 위해 언어 자신은 침묵한다. 이로써 모든 대답하는 언어, 이 대답에 대해 책임질 수 있는 언어, 그리고 강세를 둔 의미에서 문헌학적이라 불릴 만한 언어가 가진 구성적이고 탈구성적인 특징들 가운데 하나가 묘사된 셈이다. 즉 문헌

197

학은 언어의 **중지**epoché, 이미지의 중지, 그리고 양자의 폭력의 중지를 위해, 이 중지에 의해 말한다. 이는 타자를 위해 말할 수 있도록, 그러니까 결국 말하기라는 것 자체를 할 수 있도록 하려는 것이다. 위하여는 언어의 **중지**다. 중지는 언어가 타자를 위해 쓰일 수 있게 만들고 그럼으로써 언어를 언어답게 만든다. "위하여 안에서 말은 탈언한다." 하나의 위하여, 하나의 편에서Zugunsten, 아마도 아직 그리고 결코 존재하지 않을 언어에게 먼저 **대답**antwortet하는 위하여. 문헌학은 〔바로〕 이 위하여를 위한 말이다.

따라서 문헌학적 질문이란 무엇이냐는 물음에 대한 최소한의 대답은 오직 다음과 같을 수밖에 없다. 그것은 모든 질문, 아니 무엇보다 질문하기 자체의 운동을 뒤따르고 이 운동 속에서 모든 주어진 언어를 넘어서는 과정을 밝혀내는 질문이다. 문헌학적 질문이란 말하기와 계속 말하기를 위해, 타자의 언어 및 언어와는 다른 것을 위해 말하는 모든 것, 그래서 자신과 타자와 타자의 언어 그리고 언어와는 다른 것, 이 모두를 **무한히**ad infinitum 언어로 도래하게 하는 모든 것, 바로 그것이다. 이것은 언어를 통과시키는 문Tor―열림, 위하여―이다.

이와 같은 문이 항상 존재한 것은 아니다. 이 문은 〔언제라도〕 닫히거나 막히거나 부서질 수 있다.

다시 한번. 문헌학은 계속한다. 불충분하게 규정된 상태로, 하지만 규정 가능한 무언가로 자기에게 주어진 것을 계속 전개한다. 따라서 문헌학은 자신을 분리한 그곳으로 거듭해서 되돌아가며, 동시에 이를 통해 그에게 먼저 주어져 있던 그것을 분리한 그의 전사前史로 되돌아간다. 문헌학은 속행이자 전개인 것 못지않게 반복이기도 하다. 그러나 그것은 어떤 주어진 말 혹은 작품의 반복이기에 앞서 간격Entfernung의 반복이 되어야 한다. 이 간격에 의해 문헌학은 주어진 말을 수용하고 또 그 말에게 대답을 준다. 이 간격에 의해 저 말 자체는 자기보다 앞서 주어진 말에 대한 대답이 되거나 아니면 아무 말도 아니게 된다. 그러니까 문헌학은 단순히 주어진 말을 전개하는 반복이 아니며, 또한 그 말이 제시하는 약속의 속행도 아니며 하물며 그것의 실현은 더더욱 아니다. 문헌학은 우선, 그리고 다른 무엇보다, 간격의 반복이다. 모든 앞선 말로부터 자신의 말을 분리하고 또 이 말을 다시 그것보다 앞선 말로부터 분리하는 간격. 문헌학, 이것은 언어에 대한 극진한 사랑 속에서 우선 언어로부터 분리되는 경험을 끝없이 반복하는 것이다. 반-문헌학적 정서가 생기는 것은 바로 이 때문이다. 이 정서는 고통의 반복에 반대한다. 이미 말해졌거나 존재하는 것 안에 〔안온히〕 머무를 수 없고, 거기서 충분히 말해지지 못한 것, 언어적 현존을 위협하는 어떤 것으로 〔거듭〕 되돌아와야 하는 고통에 반대하는 것이다. 그렇다. 문헌학은 모든 말 하나하나에서 위험Gefahr에 맞닥뜨린다. 그것이 바로 이dieses 말이 아닐 수 있고 어쩌면 아예 말 자체가 아닐 수도 있다는 위험. 문헌학은 모든 의미 하나하나에서 위협Drohung에 맞닥뜨린다. 그것이 본래 의도된 것과는 다른 의미일 수 있고, 심지어 애당초a limine 아무 의미도 없었을 수 있다는 위협. 그런 까닭에 이 위협에 저항하려는 "역사적-문헌학적 분과학문들"이 가장 널리 선호하는 방법은 틈새 없는 촘촘한 설명의 체계를 구축하는 것이다. 이 체계는 모든 언어와 의도의 상실, 그리고 언어의 토대를 이루는 이 상실의 반복 일체를 쓸모없는 일로 치부한다. 이 체계에 문헌학이 굴복한다면, 그것은 〔애초에〕 자신을 존재하게 해준 분리를 막는 차단기 Armatur가 될 것이며, 〔정서와 논리를 모두〕 마비시키는 달변의 마스크를 쓰고 침묵한 채 언어를 방해하는 비서로 남을 것이다.

문헌학은 다시 시작함으로써 시작한다. 언어가 이전의 언어를 탈피하여 새로운 언어가 되려고 기지개를 켜는 바로 그 순간 문헌학은 언어의 운동을 수용한다. 내버려진 언어와 완결되지 않은 언어, 말소Absetzung와 단초Ansatz 사이의 간극 속에서 문헌학은 이 운동을 수용한다. 다시 말해, 언어의 운동이 아니라 언어 도약의 운동을, 두 언어의 운동이 아니라 그 간극 안에서의 멈춤Pause을 수용하는 것이다. 언어들 사이의 구멍 속에서 언어와 더불어, 언어의 역사적 시간과 더불

201

어, 문헌학은 태어난다. 문헌학이 새 언어의 시작 및 옛 언어의 말소 양자의 반복이라면, 그것은 언어들의 멈춤의 반복이며 동시에 언어일 수도 그리고 언어의 대상일 수도 없는 무언가의 반복이다. 문헌학은 결코 존재하지 않았던 것의 반복이다. 〔바로〕이 존재한 적 없음Dies Niegewesene을 문헌학은 수용한다. 또한 문헌학은 이것으로부터 발원한 모든 것, 더없이 견고한 사실성의 외관을 지닌 모든 것을 제 언어의 간헐적인 운동 속에 투입시킨다. 언어들의 간극의 반복Wiederholung〔비더홀룽〕인 까닭에 문헌학은 그 언어들에 대해 그리고 자기 자신에게도 '거듭 **구멍 뚫기**Wiederhöhlung〔비더횔룽〕'가 된다. 오직 그렇게, 텅 빈 채로, 문헌학은 모든 **찬성**pro과 **반대** contra를 위한für **위하여**Für를 제공한다. 존재했던 것의 역사를 위한 **위하여**Für, 앞으로 도래할 다른 역사를 위한 **위하여** Für를. 문헌학은 벤야민이 카프카론에서 로젠츠바이크Franz Rosenzweig를 인용하면서 말했던, 무언가das Etwas를 "쓸모 있게brauchbar" 만들어주는 바로 그 "무nichts"를 제공하는 것이다.

따라서 문헌학은 단지 먼저 주어져 있는 것만을 **접수하 는**empfängt 것이 아니다. 문헌학은 그것과 더불어 〔모든 가능한〕 경험의 차원에 빠져 있는 것까지 항상 수용하여 언어화한다. 그리고 이 빠져 있는 것을 오직 사실과는 다른, 즉 데이터와는 다른 것으로서만 접수할 수 있다. 그렇기에 이것의 비소여성非所與性에 부합하는 방식으로 문헌학은 그것을 〔받는 것도 아니고 받지 않는 것도 아니라는 뜻에서〕 벋는다ent-fangen. 그래서 문헌학의 '논리적 정서'는 〔기존에〕 빠져 있는 어떤 것을 위한 애매한 수동적 감정일 수 없고, 이미 발견된 것 혹은 앞으로 재발견될 수 있는 어떤 것을 위한 감수성 Empfindung일 수도 없다. 그것은 오히려 찾아낼finden 수도 발명할erfinden 수도 없는 무언가를 위한 '탈-견脫-見, Ent-findung' 이어야 한다. 그러니까 저 벋음Entfängnis은 '수용Rezeption'이 아니라 문헌학의 제스처다. 그리고 이 '탈-견'—그 양이 많건 적건 이것은 정서화된 열정Pathos이 아니다—은 문헌학의 정서다. 바로 이 정서를 가지고 문헌학은 대답한다antwortet, 탈언함entwortet으로써. 그리고 대답한다, 문헌학의 일을 확정하게 될 개념들에 대해서도.

옮긴이 해제

『문헌학, 극소』에 붙이는 9.5개의 단편적 주해

1

베르너 하마허의 『문헌학, 극소』는 무엇보다 칼 슈미트의 정치신학에 대한 헌걸찬 도전이다. 이는 「문헌학을 위하여」의 첫 문장이 독일 법학자의 문제작 『로마 가톨릭주의와 정치형식』의 첫 문장을 노골적으로 패러디한 것이라는 점을 통해 여실히 증명된다. 1923년, 바이마르 폐허 공화국의 극단적 혼란을 온몸으로 통과하던 슈미트는 이렇게 적었다. "반-로마적 정서가 존재한다."[1] 맹신을 부추기는 패권(주의)의 망령이 만인의 생각과 정치의 운명을 죄 틀어쥐고 있는 한, 그 정서는 끝내 사라지지 않을 것이다. 마찬가지로, 전쟁을 유발하는 과학(주의)의 환상이 학계의 질서와 독서의 쾌락을 내리 짓누르는 한, 반-문헌학적 정서는 각처에서 내내 창궐하리라. (슈미트의 어린 시절 꿈은 고전 문헌학자가 되는 것이었다.)

---

1   Carl Schmitt, *Römischer Katholizismus und politische Form*, Stuttgart : Klett-Cotta, 2016, p. 5.

2

레지스탕스의 도서관을 불태우는 문헌학은 모든 종류의 내전학Stasiologie을 모든 국면과 차원에서 혁파하려는 무시無始하고 무책無策한 기획이다. 만약 이 기획이 성공한다면, 법학과 신학과 정치는 시의 화염과 암호暗號에 의해 전소全燒할 것이다. 그와 더불어 모든 지식의 이율을 산정하고 조작하는 금융도, 온갖 이데올로기와 가열하게 야합하는 예술도, 알게 모르게 기필코.

3

(헌-)문헌학의 '위하여'는 변장한 결의론決疑論, Kasuistik 혹은 초법적-헌법적 결의론의 상징이다. 이것은 실증주의와 결단주의의 이자택일을 지양한다. 또한 그것은 자유주의와 절충주의의 이중성 역시 배격한다.

4

문헌학의 끝자락에서 피어오른 불은 '종교로서의 기술 지배Technokratie'와 그 모태인 관료제Bürokratie의 모든 모서리를 남김없이 건드린다.

5

문헌학의 이념은 없다. 문헌학은 이념이다. 하지만 이 '이다'

에 결속되거나 구애받는 것이 아니라, 반대로 그것을 돌연 수태受胎하고 매양 전출轉出시키는 이념, 이름이 아닌 이념, 이념이라 불릴 수 없는 무엇이다.

6

하마허의 글쓰기 안에서 벤야민의 비판적 낭만주의는 비트겐슈타인의 논리적 신비주의를 초과하는 운동으로 눈부시게 현시된다. 이 초과 안에서, 사뭇 파행적이고 능히 기연(주의)적인 방식으로 모든 시대와 연대를 초월하면서, 첼란의 시와 슐레겔의 단편Fragment이 만나 서로의 심연Abgrund을 탈환奪還한다. 그러나 이것이 어떤 느슨한 형태의 지평 융합Horizontverschmelzung으로 오인되어서는 안 된다. 그것은 차라리 극한과 무한의 지평 단할斷割, Horizontabschneidung이라고 불려야 할 위험천만한 언약covenant이다.

7

헌-문헌학의 본령本領은 맥락주의contextualism와 해체주의deconstruction가 하나같이 외면하는 지점, 역사주의historicism와 기능주의functionalism가 모두 손사래 치는 지역에서 비로소—다만 한시적으로, 한없이 쇄말瑣末적으로—생기生起, ereignen한다. 따라서 그것은 명명命名을 허락하지 않는다, 마치 부서진 이름처럼. 대신 그것은 숭배(의 수치)와 비난(의 영광)과 무관심(의 세월)을 감내할 따름이다.

8

끝없는 질문의 수렁에 제 발로 걸어 들어가는 것이야말로 헌-문헌학자의 일이다. 아무것도 제대로 해결될 수 없고, 어떤 것도 바라는 대답이 될 수 없음을 지나칠 정도로 잘 알면서도 기어이, 기꺼이, 부답不答의 심연으로 뛰어드는 것. 그것이 바로 문헌학의 일이다. 프란츠 카프카는 이렇게 말했다. "질문에 대답하지 않는 자는 시험에 통과한 것이다." 이 진술에 눈곱만큼의 역설도 수수께끼도 들어 있지 않다는 사실을 선연히 실감實感한 자는 이미 문헌학자라고 할 수 있다. "'무엇-질문'에서 '어떻게-질문'으로의 이행"[2]을 포월匍越하여 마침내, 어느새, '질문-질문'에 도달한 것이므로. 질문이란 무엇인가, 라는 자기-지시적/자기-파괴적 질문은 확신과 의심의 궁진窮盡이다.

9

「문헌학을 향한 95개 테제」는 본질상 미진한 종교-혁명에 대한 옹골찬 항의다. 루터도 칼뱅도, 마르크스도 레닌도, 까마득히 도도한 저 축죄蓄罪의 흐름을 끊어내지 못했다. 이것은

2   니클라스 루만,『근대의 관찰들』, 김건우 옮김, 문학동네, 2021, p. 40.

모두가 알지만 극구 부인하는 진실이다. 예수와 부처도, 예언자 이사야와 호세아도, 사도 베드로와 바울도, 파트모스섬의 요한도, 성 아우구스티누스와 아시시의 프란치스코도, 요컨대 역사 속의 누구도 이 세계의 죄상罪狀을 말끔히 지우지 못했다. 이것이 바로 벤야민이 「종교로서의 자본주의」라는 단편을 남긴 까닭이다. 이 글에 대한 주해Kommentar로 구상된 「죄사罪史, Schuldgeschichte」라는 논문에서 하마허는 이렇게 말한다. "일어나는 [모든] 것이 죄다. 따라서 죄는 역사의 '지고의 범주'다."[3] 세상의 오만 가지 죄악 및 그에 대한 갖가지 기괴한 해명과 더불어 로마늑가톨릭주의는 건재하며, 분명 앞으로도 그럴 것이다. 게다가 여러 유형의 프로테스탄티즘과 시온주의 그리고 이슬람 근본주의를 위시한 각양의 분파들도 전혀 위세를 잃지 않았다. 설상가상으로―혹은 금상첨화로―세속 종교로서의 입지를 튼튼히 다져온 각종 민족주의와 인종주의 역시 사방에서 폭력(적)으로 맹위를 떨치고 있다. 이 모든 파벌과 적대의 언어들은 한뜻으로 문헌학의 탈언 및 헌-문헌학의 탈격에 극렬히 저항한다. 그러므로 기도로서의 문헌학은 세계 내전Weltbürgerkrieg과의 대결을 결코 피할

3   Werner Hamacher, "Schuldgeschichte–Zu Benjamins Skizze
     'Kapitalismus als Religion'," Ashraf Noor & Josef Wohlmuth(eds.),
     'Jüdische' und 'christliche' Sprachfigurationen im 20. Jahrhundert,
     Paderborn: Ferdinand Schöningh, 2002, pp. 215~42, 여기서는 p. 217.

수 없다.

9.5

문헌학의 기도는 오직 '요지경 무대Guckkastenbühne' 위에서만
올려질 수 있다. 하마허의 스승인 페터 손디Peter Szondi의 박
사학위논문에는 다음과 같은 진술이 들어 있다. "'요지경 무
대'는 드라마의 절대성에 적합한 유일한 무대"다. "이 무대는
극이 시작될 때 비로소, 아니 많은 경우 첫 대사가 말해진 뒤
에야 비로소 관객에게 가시화된다. 그러니까 그때 비로소 존
재하는 것이다. 이로 인해 무대는 극 자체에 의해 창조된 것
으로 나타난다. 한 막이 끝나고 커튼이 내려지면 무대는 다시
금 관객의 시야에서 물러난다. 말하자면 극에 의해 철회되는
것이다. 그래서 그것은 극에 속하는 것으로 확증된다."[4]

9, 5

폴 드 만의 『독서의 알레고리』에는 다음과 같은 제사題辭가
붙어 있다. "너무 빨리 읽거나 너무 느리게 읽으면 아무것도
듣지 못한다."[5] 이 책을 독일어로 번역하면서 하마허가 붙인
해설에는 "독서 불가능성Unlesbarkeit"이라는 제목이 붙어 있

---

4   페터 손디, 『현대 드라마의 이론: 1880~1950』, 송동준 옮김,
     탐구당, 1983, p. 15. 원문에 의거하여 번역은 수정함.
5   폴 드 만, 『독서의 알레고리』, 이창남 옮김, 문학과지성사, 2017, p. 5.

다.[6] 이 글은 무엇보다 한스 블루멘베르크Hans Blumenberg—
『세계의 독서 가능성Die Lesbarkeit der Welt』의 저자—가 주창
한 은유학Metaphorologie에 대한 강고한 도발이다. (블루멘베
르크의 은유학은 한마디로 역사신학과 역사철학 일체를 소
거하려는 우주(론)적 기획이다.) 여기서—그러니까 문헌학
과 은유학의 결투Duell에서—궁극적으로 결정적인 질문은
이것이다. '과연 이 세계는 읽을 수lesbar 있는 것인가, 그렇지
않은가?' 여기서, 이 질문에서 헌-문헌학은 제자리걸음으로
걷는다. 역사처럼, 그리고 믿음처럼.

6   Paul de Man, *Allegorien des Lesens*, Werner Hamacher & Peter
     Krumme(trans.), Frankfurt am Main: Suhrkamp, 1988, pp. 7~26.

옮긴이의 말

2016년 봄, 미국 맨해튼의 뉴욕대 독일 문화원(Deutsches Haus at NYU)에서 나는 베르너 하마허를 만났다. 그때 하마허 교수는 뉴욕대 독문과와 비교문학과 학생들에게 "고통과 불평"이란 주제로 특강을 진행하고 있었다. 모리스 블랑쇼와 보에티우스의 중요성에 대해 한참을 강의한 하마허는 다음 수업에서 바로크 시대 독일 시인 파울 게르하르트Paul Gerhardt의 「수난 겪는 예수 그리스도의 얼굴에An das leydende Angesicht Jesu Christi」를 다루겠다고 말했다. 이 17세기 독일 시의 영어 번역을 엉겁결에 맡게 된 나는 며칠 동안 골머리를 심하게 앓아야 했다. 다른 모든 일을 작파한 채 매달려야 했던 번역 작업은 그야말로 고통이었고, 하여 내 입에서는 쉴 새 없이 불평이 새어 나왔다. 그럼에도 시종일관 긴장하지 않을 수 없었던 것은, 언어 일반에 관한 모든 문제를 지극히 까다롭고 엄격하게 다루는 하마허의 명성을 익히 들어 알고 있었던 까닭이다. 게다가 하마허는 그때까지 진행된 수업을 통해 그 명성의 진실성을 여실히 느끼도록 해주었다. 때문에 나는 행여 오역이나 부적절한 번역에 대한 매서운 지적을 받지나 않을까 노심초사했지만 다행히도 수업은 무난하게 끝났고, 나는 하마허와 따로 잠시 이야기를 나눌 수 있었다. 그때 그는 내게 이 두 소책자의 번역이 '좋은' 출판사를 통해 성사되었으면 좋겠다고 말했다. 비록 그때 나는 '좋은'이라는 말의 의미에 대해 더 자세히 묻지 못했지만, 만약 그가 문학과지성사의 역사에 대해 들었더라면 아마도 나는 그의 흡족한 미소를 볼 수 있었을 것이다. 이제 드디어 그와의 약속을 지키게 되었다. 하마허는 세상을 떠났지만, 그의 글은 여러 언어로 새롭게 태어나고 있으며, 아마 앞으로도 그럴 것이다.

이 책의 번역 과정에서 나는 가히 하마허에 필적할 만한 언어 감각을 가진 한 사람으로부터 큰 도움을 받았다. 그 사람은 나의 아내 이지안이다. 사랑하는 그녀에게 가장 먼저, 가장 큰 고마움을 전한다. 다음으로, 세심하고 정성스럽게 원고를 만져준 문학과지성사의 최대연 씨에게 감사의 인사를 드린다. 마지막으로, 발터 벤야민의 행간에 주목하는 법을 내게 가르쳐준 베르너 하마허 선생님께, 아주 멀리서나마, 깊은 존경의 염念을 표하고 싶다.